DIÁRIO DE UM MOTOCICLISTA SOBRE EMPREENDEDORISMO

Quando VIDA e TRABALHO
se cruzam na estrada

DWAIN DEVILLE

Tradução: Beth Honorato

www.dvseditora.com.br
São Paulo, 2011

The Bikers Guide To Business: when business an life meet at the crossroads

Copyright © 2009 by Dwain Deville. All rights reserved. This translation published under license. Published by John Wiley & Sons, Inc., Hoboken, Nova Jersey.

Diário de um Motociclista sobre Empreendedorismo: quando vida e trabalho se cruzam na estrada

DVS Editora 2011 – Todos os direitos para a território brasileiro reservados pela editora.

Nenhuma parte deste livro poderá ser reproduzida, armazenada em sistema de recuperação, ou transmitida por qualquer meio, seja na forma eletrônica, mecânica, fotocopiada, gravada ou qualquer outra, sem a autorização por escrito do autor.

Tradução: Beth Honorato

Diagramação: Konsept Design & Projetos

Dados Internacionais de Catalogação na Publicação (CIP)
(Câmara Brasileira do Livro, SP, Brasil)

```
Deville, Dwain
    Diário de um motociclista sobre
empreendedorismo : quando a vida e o trabalho
se cruzam na estrada / Dwain Deville ; tradução
Beth Honorato. -- São Paulo : DVS Editora,
2011.

    Título original: The biker`s guide to business :
when business and life meet at the crossroads
    ISBN 978-85-88329-58-4

    1. Comunicação 2. Liderança 3. Sucesso em
negócios I. Título.

11-03930                                    CDD-650.1
```

Índices para catálogo sistemático:

1. Sucesso em negócios : Administração de empresas   650.1

DIÁRIO DE UM MOTOCICLISTA SOBRE EMPREENDEDORISMO

Quando VIDA e TRABALHO
se cruzam na estrada

DWAIN DEVILLE

Tradução: Beth Honorato

www.dvseditora.com.br
São Paulo, 2011

A Merrick e Bessie: vocês ensinaram pelo exemplo e infundiram em seu filho a virtude moral do trabalho, o que me prestou um grande serviço durante todos esses anos. Gostaria que estivessem aqui para ver o resultado.

AGRADECIMENTOS

Meus sinceros agradecimentos a todos os mentores que conheci ao longo do caminho. Seus ensinamentos me marcaram para sempre. Sem esse toque, minha jornada teria sido bastante diferente.

E minha eterna gratidão à Christine, por me mostrar **o quê**, a Brett, por me mostrar **como**, a Chris, por me mostrar **por quê**, e à Shannon, por me ajudar a transformar tudo em uma coisa só, a manter o foco e a cruzar essas linhas de chegada.

Se tivesse me perdido de qualquer um de vocês nessa minha empreitada, nada disso teria sido possível.

 PREFÁCIO

Motociclismo e empreendedorismo

As estatísticas demonstram que, dentre 1,3 milhão de motocicletas vendidas anualmente nos Estados Unidos da América (EUA), 300 mil são compradas por homens e mulheres de negócios de nível executivo. Eles compõem um dos maiores segmentos do motociclismo do momento: os **executivos motociclistas**.

Portanto, se você está entre os milhões de **executivos motociclistas** hoje existentes, escolheu este livro porque está em **sintonia**. Você tem consciência do ímpeto e da sensação de liberdade que o motociclismo lhe proporciona. É uma total libertação. Como me disse uma vez Leo Keily, diretor executivo da Molson Coors: "Como agora estou cercado de terras aqui no Colorado, para mim é como pegar o veleiro e sair para arejar a cabeça".

Embora passear de moto seja uma ótima maneira de arejar a cabeça depois de um longo dia ou de uma longa semana de trabalho, este livro não se resume a isso. Este livro não fala apenas sobre como utilizo minha moto para fugir do trabalho. Ele fala também sobre como compilei os conhecimentos que obtive durante todo esse tempo pilotando e os apliquei para ter sucesso tanto na vida pessoal quanto nos negócios.

Com esse intuito, escrevi este livro para motociclistas e também para não-motociclistas que estejam batalhando para encontrar o equilíbrio adequado entre vida pessoal e vida profissional. Durante muito tempo, os empresários acreditaram que seu desempenho profissional e sua vida pessoal fossem duas coisas excludentes. Do mesmo modo que inúmeros empresários, me esforcei para encontrar uma solução para que minha empresa trabalhasse a meu favor, e não o contrário. Embora isso tenha levado algum tempo, consegui criar um processo que me possibilita ter o mais alto desempenho profissional sem prejudicar minha vida pessoal. Por um mero acaso, consegui isso com a ajuda da minha moto.

Tinha 16 anos quando montei em uma moto pela primeira vez com a intenção de dar um passeio, e em vários aspectos desde então nunca desci dessa moto. Na verdade, tirando minha família e meus amigos, a única coisa que eu amo mais do que esse maravilhoso jogo do mundo dos negócios é pilotar minha moto. Já há muitos anos o motociclismo faz parte da história da minha vida e continua sendo uma fonte de iluminação e felicidade. Além disso, consegui perceber que as habilidades e capacidades essenciais para pilotar bem uma moto são também úteis para ter êxito nos negócios.

Para começo de conversa, tanto o motociclismo quanto o empreendedorismo são igualmente emocionantes e são um veículo que me leva aonde desejo ir, um fisicamente e o outro financeiramente. Além disso, para alcançar a excelência em ambos, é necessário ter várias habilidades, em especial atenção, sensibilidade e senso de oportunidade e grande capacidade para examinar cuidadosamente o ruído de fundo e as conversas-fiadas ao nosso redor.

Sem dúvida, um carro pode me levar aonde desejo, mas que prazer há nisso? No meu carro, converso ao telefone, ouço rádio ou um livro gravado e penso a respeito de muitas coisas, do tipo: "Será que ainda falta muito para chegar?". Mas na motocicleta eu sou o principal fator do ato de "chegar lá". Com os sentidos totalmente voltados para aquele momento, eu mudo de marcha, sempre atento a algum *cager** enlouquecido (motorista de automóvel) e a outros perigos da estrada. Nessa situação, estou literalmente **pilotando** o meu destino!

Os não-motociclistas pensam imediatamente nos perigos, mas pilotar envolve tantas outras coisas, e as vantagens compensam os riscos. Ao montar na moto e expor meu corpo relativamente desprotegido ao mundo externo, eu literalmente me injeto no ambiente ao meu redor à medida que avanço. Eu experimento plenamente os sons, tenho uma visão de 180°, sinto o vento e também o cheiro da chuva que se aproxima e sei que os pingos e os insetos começam a ferroar a 80 km/h por hora. Pilotar liberta meus sentidos e é a essência de estar verdadeiramente vivo.

E tudo isso se confirma na minha vida enquanto empresário, porque não há "cavalgada" melhor do que a do mundo dos negócios. Chegar lá e expor no mercado meu produto ou serviço relativamente desprotegido me faz sentir como se tivesse ainda 19 anos de idade e estivesse apenas

---

* Gíria em referência aos motoristas de automóvel (engaiolados).

começando; estou preparado para pilotar as reviravoltas do mercado e perseguir as possibilidades do dia.

Reconheço que existem riscos inerentes tanto no motociclismo quanto no empreendedorismo. Como todos já pudemos comprovar, se não pilotarmos devidamente, corremos o risco de provocar danos sérios. E se não bastasse esse grau de risco, quando iniciei esses dois empreendimentos — o motociclismo e o empreendedorismo —, minha família e meus amigos bem intencionados, que temiam por minha segurança física e financeira, disseram com todas as letras, na minha cara ou por trás, que eu estava destinado a me acidentar seriamente ou a fracassar totalmente. Dei de ombros. E tal como qualquer bom motociclista ou empreendedor, segui o meu caminho.

Como motociclista e empreendedor, conheço o risco, e sei que ele está sempre ao lado. Mas pilotar uma moto com medo é um passaporte para o hospital. E por vários desses mesmos motivos, é mais do que certo que você não consiga conduzir uma empresa com medo. As pessoas que de fato têm consciência disso — os **vencedores** — sabem que não se trata de **superar** o medo, mas de **percebê-lo** e **aceitá-lo**.

Para ser de fato bem-sucedido, tanto no motociclismo quanto nos empreendimentos, devo reconhecer inúmeras coisas. A primeira delas é o risco razoável e controlado. Para mim, risco é muito mais do que simplesmente buscar emoções — o risco razoável e controlado é o meu meio de vida. É minha droga, minha paixão e minha salvação, tudo isso embrulhado em um mesmo pacote. Ele cai bem em mim tanto quanto um terno de 10 mil dólares e, sem ele, eu não consigo compreender o significado da vida em toda a sua profundidade.

Onde outras pessoas procuram o risco, eu vejo possibilidades e compreendo por natureza que, no frigir dos ovos, a recompensa corresponde a quanto estou disposto a arriscar para alcançar o sucesso. A questão não é simplesmente fazer negócios — é agarrá-los pelo guidom e pilotá-los por tudo que eles possam valer!

E eu não sou o único. Tal como os motociclistas, os empreendedores são hoje caubóis do asfalto e somos bastante destemidos. Somos independentes, ousados, obstinados e categoricamente não toleramos obstáculos — isso está no nosso DNA. Quando passamos por uma porta, somos como cães alfa (o líder da matilha) que transpiram a confiança que faz com que todos saibam que estamos falando sério. Nossa autoconfiança nasce de um desejo ardente de esculpir nosso próprio caminho e de uma convicção cravada na alma de que temos uma ideia melhor e capacidade para persegui-la com determinação.

E conhecemos um ao outro quando nos encontramos. Não há nenhum aperto de mão secreto, apenas um olhar revelador em nossos olhos que indica ao outro que sabemos. Que ambos sentimos altos e baixos para chegar aonde estamos no presente e que pagamos o que devemos incondicionalmente. No início de nossa carreira, em algum momento acordamos suando frio, numa sexta-feira, às 2h30 da madrugada, tentando descobrir de que modo bancaríamos a folha de pagamentos daquela semana. E, em algum momento, vimos nosso saldo bancário não como um lucro certo e seguro, mas como um dinheiro de um empreendimento novo e arriscado realmente excelente que poderia entrar.

Um ótimo exemplo é um motociclista e ex-cliente a quem chamarei de C. J. Nós nos unimos em uma época difícil, quando seu setor, bastante competitivo, passava por uma mudança radical provocada por uma rápida mudança tecnológica.

Ele entrou para o grupo de diretores executivos com o qual eu trabalhava mensalmente e no decorrer de seis meses começou a criar estratégias e a elaborar um novo e audacioso plano de negócios para a empresa dele. O plano era extremamente inovador e mostrava uma enorme previdência e um imenso potencial. Ao concluí-lo, ele fez cerca de trinta cópias e começou a distribuí-las a quem quisesse lê-lo com o intuito de obter um *feedback*.

Em um determinado dia, em uma de nossas reuniões, um dos diretores executivos perguntou: "Você não tem medo de que outras pessoas possam pegar sua ideia e implementá-la?". Não se mostrando surpreso, C. J. olhou fundo nos olhos dele e disse: "Talvez sim, mas no final das contas, mesmo assim elas terão que me superar."

Essa é a postura de um motociclista. É essa sutil arrogância que se evidencia quando temos total confiança de que somos superiores naquilo em que nosso concorrente é apenas bom. Isso nasce da tranquilidade que você sente diante das incertezas e de saber levar adiante seus planos de um modo que ninguém possa obstruí-lo.

E é por isso que eu acredito que o motociclismo me potencializa enquanto empreendedor e empresário. Afora a emoção de não ter um lucro ou um resultado seguro, essa é a minha maneira de manter uma vantagem e uma perspectiva adequada tanto na vida quanto nos negócios. Mais do que apenas uma comparação com o meu estilo de vida, o motociclismo me possibilita abordar os negócios com a máxima potência e perceber sua margem de superioridade, e é precisamente aí que se encontra o verdadeiro entusiasmo.

Como me disse John Paul DeJoria, motociclista, diretor executivo e fundador da John Paul Mitchell Systems e Patrón Tequila: "A diferença entre as pessoas bem-sucedidas e as malsucedidas é que as bem-sucedidas fazem tudo aquilo que as malsucedidas não querem fazer."

Portanto, monte em seu cavalo de aço e me acompanhe. Vou lhe mostrar, passo por passo, como conduzo a vida e os empreendimentos pelo guidom!

 SUMÁRIO

Agradecimentos vii

Prefácio ix

Capítulo 1   Quem sou eu?   1

Capítulo 2   O que me levou a escrever este livro?   7

Capítulo 3   Distrações à beira da estrada   13

Capítulo 4   O entremeio   19

Capítulo 5   O drama da estratégia   23

Capítulo 6   O que é pilotagem?   29

Capítulo 7   Encontrando meu destino final   37

Capítulo 8   Esse caminho é meu, tão somente meu   49

Capítulo 9   Topando com a vida na encruzilhada   55

Capítulo 10   Encontrando a resposta   63

Capítulo 11   Sua máquina de fazer dinheiro   87

Capítulo 12   Traçando o plano de viagem   97

Capítulo 13   O trabalho a ser feito   115

Capítulo 14   Comunicação: o combustível do alto desempenho   125

Capítulo 15	Canalizando o poder da matilha	143
Capítulo 16	Aguçando suas habilidades	159
Capítulo 17	A função do capitão de estrada	177

Conclusão	*189*
Mais regras da estrada	*191*
Quem está por trás deste livro: o piloto ou o empreendedor?	*197*
Índice	*199*

 CAPÍTULO 1

Quem sou eu?

Se algum dia já existiu algum "rato de academia" nos negócios, essa pessoa fui eu. Não tenho a menor dúvida de que adoro trabalhar e me envolver com tudo quanto esteja relacionado a vender e produzir. Minhas lembranças de infância mais antigas datam da década de 1960, quando passava o verão matando o tempo e algumas vezes até trabalhando na descaroçadora de algodão que meu pai administrava em Opelousas, nossa cidade natal, no Estado de Luisiana. Minha mãe trabalhava (o que não era tão comum naquela época) para a maior loja de departamentos privada da cidade. Ela gerenciava e era também compradora do departamento feminino da loja. Por isso, nossas noites eram sempre regadas de muitas conversas sobre negócios e, particularmente, sobre administração. Foi durante essas conversas entre meus pais, a respeito de provações, atribulações e sucessos, que ouvi falar pela primeira vez de falhas de comunicação, políticas de bastidores, "decisões administrativas estúpidas" e funcionários que "não dão conta do recado".

Certos ou errados, a percepção e a visão que minha mãe e meu pai tinham dos negócios amoldaram minha forma de encarar e tirar lições sobre isso. Nessa época, mal sabia eu como essas lições noturnas alimentariam meu voraz apetite pelos negócios. Não via a hora de mergulhar e vivenciar na carne esse mundo, seguindo a regra do jogo. Por isso, no momento oportuno, em vez de tomar a rota que todos da minha idade tomavam e batalhar pelo tão sonhado MBA, resolvi pôr o pé na estrada e ganhar destreza no mundo dos negócios.

E foi por isso que um mês depois de me formar no secundário ajeitei todos os meus trecos em minha Honda 350 e me mudei de minha terra natal para a grande cidade de Nova Orleans. Meu primeiro trabalho foi como operário em um campo de petróleo. Depois de um ano e meio nesse emprego, testemunhei uma situação que calou fundo em minha mente e mudou meu caminho e minha vida para sempre.

Nosso grupo estava então realizando um trabalho para uma importantíssima companhia de petróleo — para dizer a verdade, um péssimo trabalho. Num determinado dia, o representante dessa companhia apareceu na obra depois de um "prolongado" almoço e começou a repreender severamente meu supervisor e todos os que estivessem ao alcance de sua voz. Fui acometido por minha primeira epifania, dentre as várias que teria subsequentemente. Sentado em uma pilha de tubos, debaixo do costumeiro calor de 35°C de Nova Orleans no verão, vendo esse cara perder totalmente o controle, me fiz uma pergunta básica: como é que um idiota embriagado como esse, de camisa de manga curta e gravata, conseguiu chegar a uma posição de autoridade como essa? Caramba, eu consigo fazer **isso** — e provavelmente melhor —, então por que estou perdendo tempo aqui?

Logo depois de testemunhar esse confronto, cortei o cabelo, comprei um terno na Sears e saí dali para trilhar meu próprio caminho no mundo dos negócios. Fui contratado por uma pequena empresa nacional de empréstimo como encarregado de cobrança. Subi rapidamente de posto, tornando-me gerente adjunto, e depois aguardei mais seis meses para ser promovido a gerente, simplesmente porque ainda não havia completado 21 anos e a empresa não podia me contratar enquanto não atingisse a maioridade.

Portanto, logo após meu aniversário de 21 anos, fui promovido a gerente de filial e comecei a aprender de primeira mão o que era dirigir um escritório e gerenciar uma equipe. Foi um grande momento na minha vida; com o apoio de minha equipe, comecei a ganhar prêmios e mais prêmios de produtividade, o que só serviu para intensificar ainda mais minha ambição e para alimentar meu orgulho arrogante. Na verdade, comecei a alimentar um ego do tamanho de Nova Orleans, a Crescent City, como costuma ser chamada, e da noite para o dia me tornei uma pessoa difícil de controlar. Mas com a habilidosa orientação do meu supervisor regional e mentor, comecei também a aprender. Como todas as outras coisas na vida, algumas lições foram fáceis e naturais, mas outras um tanto difíceis. De todos os ensinamentos essenciais que ele me passou, provavelmente o maior foi de que o **conhecimento só se torna poder quando o aplicamos**.

O segredo para o sucesso supremo é aplicar de forma eficaz aquilo que aprendemos. Percebi de cara que precisava controlar meu ego, já exageradamente inflado, para aplicar o que havia aprendido com os outros.

Guardei essa valiosa lição ao longo dos anos em que trabalhei como gerente, empresa após empresa. (Eu era, e continuo sendo, um peregrino incansável.) Aprendi a me comportar, a interpretar, a ouvir e a observar — tentando o tempo todo superar meus limites. Essa necessidade constante de crescer, aliada aos meus instintos naturais de motociclista, fez com que absorvesse tudo o que estava à minha volta, mas sem parar de fazer aquelas perguntas difíceis que nos ajudam a filtrar o que não presta e a enxergar o verdadeiro jogo.

O rumo que segui acabou me levando para uma carreira no setor bancário, onde de fato tive oportunidade de adestrar minhas habilidades empresarias, ao longo de praticamente quinze anos, ajudando os bancos então em apuros a se recuperar e a enfrentar fusões e mais fusões. John, meu primeiro chefe nessa área, era um presidente sensato; não era motociclista, mas deveria ter sido. Era **o** cara mais importante dos *turnarounds* em uma empresa de especialistas em *turnaround* (conceito utilizado em empresas com sérias dificuldades financeiras, com eminência de falência, e que necessitam de reestruturação). Forte como um touro, centrado e determinado, John me ensinou pessoalmente a transformar uma empresa à beira do colapso em uma empresa vencedora. Não era uma missão fácil; tínhamos de transformar os bancos que estavam falindo e ao mesmo tempo manter o grupo de banqueiros que originalmente os haviam levado ao fosso. Afinal de contas, o setor bancário é um setor extremamente conservador, e nenhum banqueiro em sã consciência renuncia ao cargo em uma instituição saudável para se juntar a uma instituição à beira da falência.

Meu aprendizado começou em meados da década de 1980, com a supervisão de John. Fui convocado a ajudar a restabelecer um pequeno banco em Houma, Luisiana, onde predominava o setor petrolífero, que estava no fundo do poço, por assim dizer, quando então o barril chegou a 11 dólares, o menor preço de todos os tempos. (Os bons e velhos tempos, não é verdade?) Tendo assumido o controle um ano antes de me juntar à instituição, o banco ocupava um distante terceiro lugar em uma disputa entre três bancos e estava perdendo terreno rapidamente.

O que contribuiu para que esse desafio ficasse ainda mais interessante foi a conjuntura econômica; havia pouco ou nenhum crescimento econômico para que se pudesse dar uma virada em qualquer banco que fosse.

Por isso, nos tornamos predadores, e com a orientação e a liderança de John, nos transformamos no único banco capaz de apresentar um crescimento sólido fazendo para tanto nada além de depreciar os negócios dos dois outros.

Percebi que John passava a maior parte do tempo transferindo sua visão, de uma maneira um tanto obstinada, a todas as pessoas da empresa. Ele estabeleceu um rumo claro e tomou o cuidado de fazer com que todos os funcionários da empresa tivessem consciência de sua própria função e, talvez mais importante do que isso, percebessem quanto o empenho de todos estava contribuindo para o processo de uma forma geral. O estilo de comunicação de John era sempre franco e algumas vezes enérgico. Ele não deixava nada escorregar; mesmo quando alguém por acaso não gostasse de seu discurso, **sempre** entendia a mensagem. Eis um ensinamento fundamental que levei comigo ao longo do caminho: no mundo dos negócios, tudo depende de uma comunicação transparente e consistente.

E foi me lembrando de John que criei minha máxima favorita e mais usada: **"As mensagens nem sempre são agradáveis, mas nem por isso deixam de ser mensagem."**

Depois desses dois anos de aprendizado em gestão de *turnaround*, equivalente ao que se obtém em um curso de mestrado, acabei deixando a Luisiana e indo para a Flórida, onde as fusões cresciam a um ritmo acelerado e incontrolável. Não se sabia se um banco estava comprando ou se estava sendo comprado por outro. Caramba, nos oito anos que permaneci nesse setor, o nome do banco no meu cartão de visita mudou cinco vezes, mas meu patrão continuou o mesmo.

Entretanto, esse emprego foi um alento. Permanecia em constante estado de *turnaround* — livrando uma empresa após outra dos problemas e curtindo a melhor época da minha vida. Com todos os truques que John havia me ensinado, me ative a identificar e recrutar grandes talentos, colocando-os nos lugares certos, e a divulgar incessantemente nossa missão para essas pessoas, evidenciando a função que elas tinham nisso tudo. Infelizmente, todas as coisas boas um dia acabam, e por um golpe de sorte, aos 38 anos, esse frenesi arrefeceu e minha carreira no setor bancário malogrou — simplesmente porque comecei a ficar um tanto entediado.

Essa também foi a época em que minha "passagem" pela meia-idade deu seus primeiros sinais e em que comecei a me perguntar se havia algo mais lá fora, além dos bancos, para eu perseguir. A meia-idade normalmente é representada como aquele momento em que paramos as prensas, analisamos o que somos e o que fazemos e novamente fixamos o lugar aonde desejamos chegar. É o momento em que costumamos clamar por um recomeço ou, no meu caso, por uma direção totalmente nova.

Diante disso, deixei de lado o saber convencional, abandonei a falsa segurança da América corporativa e passei a explorar um novo jogo, o que acabou me levando a criar minha própria empresa de consultoria.

Hoje, não necessariamente lhe recomendaria que deixasse uma bem-sucedida carreira de quinze anos para criar sua própria empresa em sua passagem pela meia-idade, mas isso **pode** ser uma tremenda de uma viagem. Tenho também uma ligeira suspeita de que não sou o único a ter feito isso. Nesse trajeto, ganhei um pouco, perdi um pouco e algumas vezes fui obrigado a estacionar em virtude da chuva. Enfrentei um divórcio litigioso, experimentei inúmeros despertares e epifanias espirituais e aprendi várias e duras lições, ensinamentos que dão verdadeira credibilidade a um antigo ditado: **"o que não me mata me fortalece"** ou **"o que não mata engorda"**. E cada provação, independentemente do que vinha depois, acabou se tornando um baú de ensinamentos valiosos, o que me deu coragem não apenas para sair por aí por conta própria, mas sobreviver e prosperar no maior e pior jogo que existe.

Iniciei minha atual profissão há quinze anos, quando saí do setor bancário para me juntar a uma pequena empresa que promovia mesas-redondas entre diretores executivos. De seis a oito empreendedores de diferentes setores reúnem-se uma vez por mês para conversar sobre um problema que estejam enfrentando e todos ajudam a resolvê-lo. A princípio, esses problemas, bastante concretos, me pareciam um tanto quanto impressionantes, o que me fazia sentir um pouco intimidado. Afinal de contas, eram temas sobre os quais se lia em algum livro ou em alguma entrevista publicada em revista, e eu na realidade estava ali na sala, dando minha contribuição em decisões importantes. Era uma afobação e tanto para um viciado em negócios como eu, e por mais de uma vez tive de me lembrar que na verdade eles é que estavam me **pagando** para estar ali naquela sala, e não o contrário! Entretanto, mais do que depressa percebi que os problemas não eram tão diferentes daqueles que eu havia enfrentado enquanto estive no setor bancário ou que eu ouvia meus pais discutirem na mesa da cozinha. Portanto, assim que superei minha estupefação diante do que esse grupo de diretores executivos havia criado, comecei a encará-los como pessoas normais, que se relacionam de uma maneira apenas um pouco diferente da dos comuns mortais.

Também não demorou muito para que me desse conta de que precisava criar meu próprio nicho, em vez de simplesmente me juntar a outra matilha. Desse modo, depois de sete meses nesse trabalho temporário, resolvi seguir meu caminho e criei minha própria empresa. Hoje, trabalho como "piloto" para um grupo especial de empresas bem-sucedidas e ao mesmo tempo invisto no crescimento da minha empresa.

Por trabalhar intimamente e diariamente com esses empreendedores, tenho oportunidade de ver e vivenciar, de primeira mão, de que modo as decisões são tomadas e de que forma os problemas são abordados — e também de ver com meus próprios olhos os vários métodos que esses profissionais utilizam para lidar com o medo diário em geral sentido por quem dirige uma empresa. Todos os dias tenho o privilégio de estar ao lado dos "líderes da matilha", e amo cada minuto. Eu me alimento e me fio na imensa garra e determinação desses profissionais para ter esse mesmo grau de sucesso, mas ao mesmo tempo também compartilho do medo do fracasso que eles sentem, um medo incentivado por um senso de responsabilidade predominante pela empresa e pelos funcionários. Por essa razão, o principal fator que nos aproxima é o desejo e a necessidade de encontrar e manter o foco certo.

Cravei a reputação de "anticonsultor", ou consultor às avessas, pela maneira como abordo meu **processo de pilotagem**. Costumo ajudar pessoas já solidamente estabelecidas a demarcar seu sucesso concentrando-se mais em seu **modo de viver** do que em sua vida profissional, porque, como mencionei antes, tomada em seu mais alto grau, a excelência na vida profissional e na vida pessoal acaba se revelando como dois lados da mesma moeda. **Ambos** os lados devem incorporar nossas verdadeiras paixões e apoiarem-se mutuamente, visto que a grandeza só se evidencia quando reconhecemos o fato de que nosso trabalho é uma extensão do que somos, sem para tanto precisarmos pedir desculpas a ninguém. Nosso trabalho **é** a própria essência do motivo que nos leva a fazer o que fazemos.

Portanto, nas páginas subsequentes, compartilharei com você a minha história, bem como algumas outras que vão ajudá-lo a chegar com segurança e em tempo aonde deseja. Como disse com tanta propriedade Bob Parsons, diretor executivo e fundador do GoDaddy.com, **"Não viemos aqui para ficar por muito tempo; viemos para curtir bons momentos."**

 CAPÍTULO 2

O que me levou a escrever este livro?

Existe um antigo princípio no motociclismo que diz que há dois tipos de piloto no mundo: aqueles que já **caíram** (levaram um tombo) e aqueles que **vão cair**. A possibilidade de levar um tombo é um fato da vida e algo que nós, empreendedores e motociclistas, aceitamos sem questionar. Já perdi a conta do número de vezes que alguém, ao saber que sou motociclista, me fala do tombo que fez com que nunca mais voltasse a subir em uma moto. Os ex-motociclistas sempre me olham com um olhar que roga por compreensão, que, no meu caso, nunca ocorre porque **não** entendo essa mentalidade. Eu simplesmente dou risada, balanço a cabeça e saio andando.

Não tenho essa reação até certo ponto fria, pelo fato de negar minha própria vulnerabilidade ou por não me interessar pelos problemas dos outros, mas porque minha postura é diferente. Embora nós, motociclistas, nunca imaginemos que um tombo ou uma falta de sorte semelhante vá nos acontecer, quando isso de fato ocorre (observe que não disse **se**), nossa determinação enquanto pilotos é verdadeiramente testada e nós nos vemos cara a cara com uma decisão definitiva: volto ou não a subir em uma moto? Minha experiência, tanto na pele de um motociclista já de longa data quanto na pele de um empreendedor bem-sucedido, me mostrou que o modo como encaramos esse momento de verdade afeta não apenas nossa capacidade de pilotar, mas também nossa capacidade de conduzir nossa vida profissional e pessoal. Para mim, a forma como lidamos com essa decisão indica nossa paixão e se estamos ou não *all-in*, isto é, apostando todas as fichas, como diriam meus companheiros de pôquer.

Digo isso por experiência, pois já tive minha cota de tombos sérios. Em cada uma dessas circunstâncias, enfrentei o momento questionando se deveria ou não me levantar novamente e voltar a subir na moto. E todas as vezes escolhi que **deveria**, com a convicção de que os tombos fazem parte dos ensinamentos da vida e de que desperdiçamos uma lição importantíssima quando nos recusamos a aprender com esses infortúnios à medida que avançamos em nossa jornada.

Nas páginas subsequentes, reproduzo as lições que aprendi nos momentos em que tive de subir novamente na moto e continuar construindo o negócio e o estilo de vida com os quais sonhava quando comecei. Não há dúvida de que algumas pessoas simplesmente não se encaixam nesse tipo de viagem, caso em que este livro talvez não lhes sirva. Na verdade, este livro foi escrito para aquelas pessoas que sabem que o sucesso tem mais a ver com escolha do que com oportunidade e para quem deseja não apenas saber e entender por que caímos, mas também aprender a se levantar — e a se sobressair ao fazê-lo.

Se você entrar em qualquer livraria, verá dezenas de livros sobre como ter mais sucesso ao dirigir uma empresa; em todas as seções da livraria, haverá também outros tantos sobre como viver a vida mais plenamente. (Eu sei; eu já li a maioria deles.) O que diferencia este livro dos demais é a minha convicção básica de que, no frigir dos ovos, há pouca ou nenhuma diferença entre a vida e as empresas que criamos, de que para um empreendedor ser bem-sucedido ambos os componentes devem ser abordados em conjunto. São dois lados da mesma moeda. Por esse motivo, está mais do que na hora de pararmos de pedir desculpas por isso.

No caso dos empreendedores, a vida profissional e a vida pessoal se juntam para uma longa viagem em que há várias saídas ao longo do caminho. Cada saída tem seus próprios apelos e seus próprios sinais luminosos, recheados de promessas de satisfação e empolgação. O objetivo deste livro é ajudá-lo a percorrer essa estrada; a descobrir não apenas a direção que deve tomar, mas também as saídas que lhe permitirão curtir a própria vida enquanto persegue o sucesso.

Ter sucesso não mais significa trocar radicalmente a vida pessoal pela vida profissional; nossas relações e interesses não precisam ser prejudicados para crescermos profissionalmente. Tampouco devemos esperar por aquele fatídico tombo para aprendermos as lições que nos permitirão concretizar nossas visões de sucesso. Podemos **ter** isso de ambas as maneiras, mas somente se conhecermos algumas técnicas fundamentais, fáceis de dominar e implementar.

Assim como as lições e os métodos ensinados em uma **motoescola** podem garantir uma vida inteira de hábitos seguros ao pilotar uma moto, as ferramentas e as percepções contidas nestas páginas podem ajudá-lo a se sobressair, tal como ajudaram a mim e a centenas de empreendedores bem-sucedidos com os quais já trabalhei. A metáfora da motocicleta não é simplesmente uma referência trivial ao risco e à ousadia; a moto é um veículo que nos ensina objetivamente técnicas que podem nos manter em pé e a transformar nossa viagem em uma jornada em que é possível ter sucesso tanto na vida profissional quanto na vida pessoal.

Além disso, este livro é uma alternativa às centenas de livros de negócios que existem por aí, fundamentados apenas em teoria e observação. Como sou um leitor voraz de livros desse tipo, estou sempre sujeito às opiniões de autores que apenas observaram passivamente outras pessoas em vez de eles mesmos **realizarem** alguma coisa por conta própria. Embora bem-intencionados, essa compreensão tardia e a tendência a agir como teóricos de poltrona, a opinar sobre fatos que já aconteceram, provêm de atividades paralelas que eles exercem na vida. Conquanto haja algum valor nesses relatos, eu, e muitas outras pessoas, queremos muito ouvir histórias verdadeiras de empresários reais. Quero sentir seu sofrimento, experimentar seu medo e compreender com clareza como eles transpuseram os obstáculos que enfrentaram.

Muitos autores obtiveram reconhecimento simplesmente ruminando no papel o que viram de longe, e estou um tanto cansado disso. Os empreendedores com os quais trabalhei e tive oportunidade de passar o tempo querem ouvir alguém que, dia após dia, põe sua cabeça a prêmio e enfrenta problemas que passam por nós na mesma velocidade da vida. Queremos ouvir os empresários que "caíram" em grande estilo e ver de que forma reagiram. **Portanto, se você está procurando um livro de negócios comum e inexpressivo, baseado em teoria e observação, este não é assim!**

Sim, é verdade, também existem livros extremamente valiosos, escritos por ex-empresários bem-sucedidos. O principal problema que vejo nessas recordações românticas de pessoas que venceram na vida não está relacionado à veracidade de suas histórias; ao contrário, há um valor real nas palavras desses autores. Entretanto, o tempo faz com que eles se esqueçam ou minimizem várias questões triviais, mas fundamentais para ajudar alguém a superar problemas semelhantes e a ter sucesso nesse vertiginoso mundo dos negócios que é o nosso. Raramente encontramos um livro com histórias e lições do *front* (frente de batalha) do mundo dos negócios. Consequentemente, somos forçados a gastar um tempo valioso digerindo e testando teorias ou lembranças que pouco significado têm na vida prática. E estamos à mercê desses observadores casuais do mundo empresarial porque na verdade os empreendedores de um modo geral estão tão ocupados sendo empreendedores que mal têm tempo para escrever sobre isso.

Quando as rodas tocam a estrada, queremos e necessitamos da experiência real de quem está no comando, uma experiência que possa ser usada **imediatamente**. À medida que avançamos, precisamos imensamente dos ensinamentos de pessoas e empresas que sejam como nós. Com o devido respeito a Jack Welch (de quem sou um verdadeiro fã) e a milhares de outros autores que contaram em livros suas histórias, o que funciona em uma empresa gigantesca como a General Electric (GE) não necessariamente se transpõe para uma empresa com dez, vinte ou cem pessoas. Este livro foi escrito especificamente para empreendedores, e meu principal objetivo é fazê-lo saber que você não está sozinho em sua luta cotidiana. Há milhares de outras pessoas lá fora exatamente como você, que não apenas sobreviveu, mas **ainda** se mantém em pé e disposto a pilotar esse sonho por tudo o que ele possa valer.

Eu me considero um empreendedor típico; criei minha empresa há quinze anos, sobrevivi aos primeiros estágios, batalhei nos anos intermediários e agora estou tentando manter aquela condição de alto desempenho sempre penosa para tirar proveito de todo esse medo, de toda essa aflição e de todo esse suor para chegar até aqui. Nas páginas que se seguem exponho os ensinamentos que compilei ao longo desses quinze anos, lições que tirei de minha própria experiência e também das empresas com as quais trabalhei dia a dia. Algumas são cruas, objetivas e extremamente pessoais, mas no final todas acabam comprovando que negócios são negócios e que todas as situações guardam determinadas similaridades entre si.

Mas se eu ainda estou totalmente envolvido nessa grande viagem na vida e nos negócios, como posso ter tempo para escrever sobre isso? — talvez você esteja se perguntando. Como você já deve ter percebido, tanto minha empresa de consultoria quando a redação deste livro são dois empregos de período integral. Porém, o que torna este livro factível neste momento é o meu amplo repertório de experiências e o estágio em que me encontro nos negócios e na vida. Não preciso de pesquisas adicionais porque, das duas uma, ou eu já experimentei ou estou envolvido com isso. Preciso fazer algumas poucas entrevistas, porque durante anos trabalhei ao lado das pessoas cujas histórias preenchem estas páginas.

Estou escrevendo este livro também em homenagem a todos os meus clientes, mentores e parceiros de negócios que insistiram para que eu dividisse as provações e os sucessos que experimentamos e compartilhamos no decorrer de minha carreira. Segundo eles, se tivessem tido oportunidade de usufruir desde o início da carreira de um décimo das percepções que hoje sou capaz de compartilhar, teriam alcançado seus objetivos mais rapidamente e conseguido mais no decurso da vida profissional.

Portanto, espero sinceramente que as histórias e os métodos que apresento aqui o ajudem a chegar seguramente e com êxito aonde você deseja, porque a vida é uma estrada veloz em que devemos dirigir com prazer!

 CAPÍTULO 3

Distrações à beira da estrada

Há mais de três décadas ando de moto, e a principal habilidade que me mantém ileso e em pé é minha capacidade de evitar as distrações à beira da estrada. Elas podem pôr sua vida em risco, e os pilotos experientes sabem que devem sempre movimentar os olhos e manter a cabeça como um **pivô** para identificar possíveis problemas; quando identificam algum problema, eles também sabem que **não devem se fixar nele**. Isso porque, quando estamos em cima da moto, o lugar para onde olhamos é o lugar para onde a moto está indo — por isso, se fixarmos os olhos em um buraco ou um poste telefônico, por exemplo, provavelmente vamos topar com ele.

Essa habilidade aparentemente simples é uma das mais difíceis para um piloto iniciante dominar, pois ela é bem diferente das habilidades necessárias para dirigir um carro. Entretanto, mesmo os pilotos mais tímidos, mais dia menos dia, conseguem aprendê-la, se passarem um bom tempo sobre a moto. Essa habilidade também está associada à velocidade que se pode rodar com segurança; no início, a tendência é pilotar mais devagar, porque nossas reações ainda não estão tão rápidas quanto normalmente tendem a ficar com a prática. Quanto maior a distância que percorremos com a moto, mais identificamos nossas habilidades reais, e daí começamos a aumentar com segurança a velocidade à medida que nossos instintos ficam mais firmes. Entretanto, seja qual for o seu grau de experiência, desviar os olhos da estrada no mínimo diminuirá sua velocidade, e fazer isso na hora errada pode também dar início a uma sequência de eventos desoladores dos quais talvez você não consiga se restabelecer. Portanto, saber em que devemos nos concentrar e em que velocidade é absolutamente essencial para desfrutarmos de uma viagem segura.

Nos negócios, também existem distrações à margem, que, dependendo do nosso nível de experiência, podem diminuir nossa velocidade ou nos desviar da rota. Aprendi isso a duras penas, e falarei sobre algumas dessas distrações posteriormente neste livro. Porém, neste momento, gostaria de falar sobre a superação de uma determinada mentalidade adotada pela maioria dos empreendedores que estão apenas começando na vida profissional: a postura "faça tudo o que for preciso". Isso os obriga a se concentrar nas distrações.

Quando estamos criando uma empresa, nos primeiros momentos a necessidade de dinheiro e a ânsia em agradar nos instigam a atender todas as pessoas que procuram nossos serviços. Para manter as portas abertas, aceitamos qualquer encomenda, de qualquer pessoa, a qualquer hora —e encontramos dificuldade para andar para a frente enquanto corremos de um lado para outro (e até mesmo para trás) por causa do que concordamos em fazer. É **fundamental** passar essa fase o mais rápido possível. Nossa capacidade de superar essa distração determina se conseguiremos atingir todo o nosso potencial ou, ao contrário, ficaremos constantemente na fase inicial das coisas, sempre à beira de um tombo.

Quando iniciei meu próprio negócio, precisei descobrir não apenas o que eu sabia fazer bem, mas também o que me entusiasmava — e, subsequentemente, conhecer isso a fundo e simplesmente me agarrar a isso. Embora certamente eu tivesse tino para elaborar um plano de *marketing* ou um plano de negócios completo, eu não tinha paixão por isso. Ainda que não tenha demorado muito tempo para entender que minha especialidade era trabalhar como "piloto" de empresas, a verdadeira dificuldade que encontrei foi descobrir de que forma poderia começar a ser ousado o bastante para recusar todo projeto que não tivesse nada a ver com minha paixão.

Para começar, criei uma **declaração de visão** para que todos os projetos subsequentes pudessem ser avaliados com base nela. Para que isso funcionasse, essa declaração de visão precisava comunicar a todos, de forma clara e sucinta, exatamente quem eu era e o que eu tinha em mente concretizar. Além disso, deveria ser suficientemente ampla para resistir ao teste do tempo e permitir flexibilidade em cada uma das missões necessárias para concretizar essa visão.

Criei a seguinte declaração tempos atrás, e nenhuma palavra mudou ao longo de todos esses anos.

Temos o compromisso de oferecer um ambiente em que os dirigentes de empresas emergentes possam obter continuamente maior lucratividade e um desempenho sem precedentes por meio do compartilhamento de conhecimentos, de informações pontuais e de uma liderança avançada.

Essa declaração simples, mas convincente, me mantém centrado e com os pés no chão em minha vida profissional cotidiana. Descobri com o passar do tempo que sempre luto com unhas e dentes com qualquer projeto que se desvia dessa visão, embora tire enorme proveito me mantendo fiel a ela. Por isso, implementar essa visão foi um dos maiores desafios da minha vida profissional.

Estabelecer seu verdadeiro lugar na mente do mercado leva tempo e exige perseverança e muita determinação. Embora antes eu já tivesse comercializado vários serviços em inúmeros segmentos de clientes, depois que criei minha declaração de visão, ative-me a um único segmento de mercado: diretores executivos de pequenas empresas empreendedoras. Passei a maior parte do ano tentando levar essa ideia a uma parcela suficientemente ampla do mercado, para desse modo garantir a sobrevivência da minha empresa. O bom era que eu ainda era "inexperiente" nos negócios e estava passando por uma mudança de mentalidade. Estava saindo do mundo corporativo para me tornar um empreendedor. O difícil era manter a perseverança, mas o fato de "eu não saber o que eu não sabia" até certo ponto ajudou. Segui em frente com a convicção inabalável de que poderia construir algo especial se conseguisse cruzar a linha de chegada.

O que me ajudou a atravessar essa fase foi o fato de ter diminuído a marcha, de ter tomado fôlego para refletir sobre o que eu estava fazendo e de ter descoberto formas de fazer melhor o que eu fazia. À medida que você avançar na leitura, perceberá que sempre falo da minha necessidade de escapar de tudo isso de tempos em tempos — tanto à beira d'água quanto no banco de uma moto — apenas para refletir sobre a vida. Esse sempre foi meu estilo; o que funciona melhor para mim é fugir para um lugar em que possa simplesmente estar sozinho comigo mesmo. O que funciona para você pode ser diferente, mas o princípio continua sendo o mesmo: precisamos encontrar tempo para dar algumas escapadas e arejar a mente para nos mantermos abertos a novas informações.

Nessa época específica, como uma amiga havia colocado sua casa à venda, nessas escapadas eu podia usar a casa de barcos, que ficou vazia por mais de quatro deliciosos meses. Eu passava as tardes lá quase todas as sextas, admirando o pôr do sol e refletindo sobre a semana que havia passado e a respeito do que faria na seguinte. Para tornar esse processo de reflexão mais fluido, levava comigo um *Walkman*, um *notebook*, charutos e uma térmica de coquetel de gim e vermute.

Para começar, me servia do coquetel, acendia um charuto, punha os fones de ouvido e abria um arquivo em meu notebook, a que chamei de *Ramblings on a Friday Night* [Divagações de sexta-feira à noite]. Enquanto o sol se punha devagar, transferia maquinalmente tudo o que me vinha à mente para o tal arquivo. Não me preocupava com a sequência lógica e muito menos em escrever apropriadamente. Era pura e simplesmente uma descarga mental para desanuviar minha mente e uma forma de armazenar todas aquelas ideias em um lugar em que mais tarde pudesse encontrá-las facilmente.

Ainda hoje guardo esse arquivo, e posso reconhecer com certeza em que momento os *dry martinis* estavam atuando. Meus relatos foram ficando mais ousados e mais confiantes, e meu lado atrevido começou a se revelar à medida que eu registrava aquelas ideias um tanto estrambóticas que me vinham à mente uma seguida da outra. Algumas delas, com uma pincelada aqui ou ali, realmente funcionaram. Depois que aquele frenesi na digitação acalmava-se e os *dry martinis* assumiam totalmente o controle, deixava minhas emoções fluírem soltas. Se minha semana tivesse sido particularmente boa, eu uivava sob a lua ou me deixava levar pela música sem me preocupar com nada. Se, ao contrário, tivesse tido uma semana particularmente acanhada ou totalmente deprimente, não hesitava em chorar.

Sempre acreditei que as emoções são "pontos de pressão" importantes e que é essencial admiti-las para nos mantermos equilibrados. Afinal de contas, não é possível sentir em plenitude os arrebatamentos que a felicidade pode nos proporcionar neste mundo se não tivermos experimentado e aceitado as agruras da tristeza.

Numa noite de sexta-feira especialmente ruim, vi que estava à beira de me render, sabendo que a última coisa que qualquer consultor autônomo com amor-próprio deseja fazer é aceitar um emprego em que tenha de ser empregado de alguém — algo que eu estava prestes a fazer. No mundo do empreendedorismo, essa foi sempre a marca decisiva do fracasso, como chegar aos 40 e ter de voltar a morar com nossos pais porque não conseguimos vencer um obstáculo por conta própria.

Minhas finanças — ou, para ser mais preciso, minha falta de dinheiro — me levaram a essa situação crítica. Eu havia terminado a semana com mais ou menos 28 dólares na conta corrente e fiquei ali me perguntando, em alto e bom som, se conseguiria sair daquela. Não era o fato de estar meio quebrado que me preocupava; eu já tinha passado por aquilo e não havia me apavorado. O problema não era como fazer dinheiro. Droga, eu sabia disso. O problema real era se eu conseguiria ou não ganhar dinheiro fazendo o que adorava e mais me deixava entusiasmado. E será que eu conseguiria fazer isso a tempo para livrar minha cara?

Bem, tarde da noite, encorajado pelos *dry martinis* e com lágrimas nos olhos, caminhei até a beirada da doca, olhei para o céu e gritei aos "deuses dos negócios" o máximo que meus pulmões puderam aguentar: *"O que mais preciso fazer? Já resgatei todas as minhas ações, já queimei todo o dinheiro do caixa e tudo o que me restou foi minha maldita casa! Estou prestes a vendê-la também, se for necessário, porque não vou desistir. Portanto parem de fazer asneiras e comecem a me dar de volta. Já está na hora!".*

Além de me sentir realmente aliviado — e provavelmente de atestar minha loucura em público —, essa explosão definiu para mim do que se trata a lei do risco *versus* recompensa. Em poucas palavras, ela estabelece que o grau de sucesso que um empreendedor usufrui na vida e nos negócios é proporcional à sua disposição em se arriscar quando necessário. É nesse momento que afrontamos os deuses dos negócios e fazemos com que saibam, sem meios-termos, que podemos até estar para baixo, mas não estamos desistindo. Para mim, foi uma forma significativa de testar minha paixão e meu foco, porque eu tinha certeza de que, se recuasse, em qualquer momento, isso me condenaria a uma vida de mediocridade e de sonhos não concretizados.

A resposta dos deuses dos negócios felizmente veio rápido. No dia seguinte, abri minha caixa postal e encontrei um cheque de US$ 2,5 mil de um cliente. Daí em diante não olhei mais para trás. Sem dúvida, minha escalada ainda continuou um tanto quanto difícil. No decorrer da maior parte daquele ano geralmente conseguia pagar a última conta do mês no último dia do mesmo. Mas até mesmo isso acabou me dando um estranho senso de humor, pois costumava acordar no primeiro dia do mês cantarolando aquela velha melodia de Donovan: *"First there is a mountain, then there is no mountain, then there is"*.* Num determinado dia não tinha nenhuma dívida e no dia seguinte tinha milhares, mas estava conseguindo manter a cabeça acima da água e fazer as coisas acontecerem.

Infelizmente, essa pequena prova dos deuses dos negócios não ocorre uma única vez. Quanto mais escalamos, com mais provações nos deparamos, visto que os deuses estão à nossa espera a cada platô. Assim que identificamos e superamos essas distrações iniciais à beira da estrada, aceleramos o passo. As oportunidades começam a aparecer mais rapidamente e conseguimos filtrá-las melhor — isto é, até que a topografia volte a mudar. O aprimoramento de nossas habilidades empresariais tem muito a ver com o desenvolvimento de nossas habilidades motociclísticas — à medida que ganhamos destreza, podemos andar por terrenos mais interessantes e acidentados.

Na vida profissional, começamos a ver conexões e extensões naturais em relação àquilo que nossa empresa faz — todas elas um chamariz para distrações e todas com uma promessa de receitas e lucros mais altos. Entretanto, tive chance de aprender que **o segredo do sucesso não é reconhecer uma oportunidade, mas na verdade reconhecer as oportunidades que não devemos perseguir.**

Porém, como você verá ao longo deste livro, saber quais **oportunidades devemos evitar** é mais fácil em teoria do que na prática.

---

* A princípio se avista uma montanha, depois não se vê montanha e então lá está a montanha. (N. da T.)

 CAPÍTULO 4

O entremeio

Toda vez que ando de moto, aprendo lições valiosas. Ao transpor esses ensinamentos para a minha vida profissional, me torno uma pessoa melhor e mais feliz. Isso porque ao subir em duas rodas e expor meu corpo relativamente desprotegido aos perigos do mundo externo sou forçado a me concentrar no trajeto ou, como gosto de dizer, no **entremeio.**

Para os motociclistas, o importante é o percurso, e não o destino. Por causa da vulnerabilidade, nossos sentidos estão totalmente voltados para o momento; eles nos forçam a perceber nuanças sutis e a reconhecer mudanças mesmo nas estradas pelas quais já passamos centenas de vezes. Temos paixão e vivemos pelo entremeio porque é estimulante, nunca é maçante e nos dá aquele ar de superioridade. E essa superioridade não é apenas ousadia. Está enraizada no conhecimento e na habilidade essenciais para acordar, cravar uma bandeira no mapa, descobrir a melhor rota e pôr o pé na estrada.

Contudo, nos negócios, o entremeio é considerado qualquer outra coisa, menos como algo estimulante, e o que ele gera é oposto a esse ar de superioridade. O entremeio não é estimulante; é suado. Não tem a ver com sonhar; tem a ver com fazer. Tem a ver com a rotina, o mundano e o dia a dia. É por isso que hoje os empreendedores geralmente conduzem suas empresas do mesmo modo que dirigem um carro — falando ao telefone, ouvindo o rádio ou um audiolivro e pensando em um milhão de coisas, menos na estrada que estão percorrendo, porque passam por ela todo santo dia. Depois de algum tempo, uma nova estrada acaba se tornando tal como a última. Os mesmos postes de iluminação, os mesmos postos de serviço e os mesmos restaurantes ao longo do caminho. E pelo fato de estarem em uma "gaiola" em que é possível controlar as condições do ambiente, não sabem para que lado o vento está soprando nem sentem de fato o que está no ar, passando despercebidos por tudo o que muda sutilmente ao longo do caminho.

Colocando tudo isso no contexto de uma empresa, você entra no escritório todos os dias e, na maior parte das vezes, lida com seu trabalho da mesma forma. Um novo cliente é igual ao último. Tem desejos e necessidades semelhantes. Os problemas que você enfrenta são também similares e a baita rotina que é tudo isso torna a atividade pela qual um dia você sentiu imensa paixão, tediosa e monótona. Você e sua empresa estão enjaulados em uma bolha de mesmices em que é possível controlar as condições do ambiente.

Outro fator que faz com que o entremeio não seja tão estimulante quanto antes é que ele nos escapa diante do mundo de satisfação imediata em que vivemos hoje. Eu estou aqui, mas gostaria de estar lá. E o que está no meio? Nem pensar, porque o que eu quero é chegar lá **agora**!

Passamos a acreditar que essa estratégia prevalece e que o entremeio é simplesmente o local em que se encontram todos os detalhes complicados e todos os buracos em nosso caminho para o sucesso. Acreditamos que, se nos estendermos nesses pormenores mundanos, ficaremos acordados à noite e impedidos de **sonhar**. Afinal de contas, o mais recente livro "nova era" que eu li não fala nada sobre esse entremeio. Todos eles me dizem que o segredo do sucesso é apenas meditar suficientemente a respeito dos meus objetivos e manter os olhos abertos para a recompensa — e que ele simplesmente **virá** até mim.

Se você acha que eu estou errado, tente comprovar isso. Pergunte a qualquer empresário. Ele provavelmente lhe dirá em que posição ele se encontra hoje e a maioria talvez pinte um quadro bacana do lugar em que deseja estar no futuro, em algum lugar além de um lindo e radiante horizonte. Apesar disso, você encontrará pessoas bem-sucedidas, mas se elas **também** conseguirem descrever o entremeio. Esses empresários sabem qual é a importância de retornar uma ligação, de responder a um *e-mail* ou de agendar uma determinada reunião. Eles cuidam dia a dia de todos os detalhes que poderiam ser deixados para amanhã, porque têm consciência do valor de se envolver com as coisas supostamente triviais.

Nosso grande Peter Drucker uma vez escreveu: "Não se mede a importância pelo tamanho", confirmando que a preocupação com as pequenas coisas que devemos fazer diariamente é fundamental para atravessarmos o entremeio. A desatenção a essas tarefas triviais e aparentemente insignificantes hoje é o que provoca o descumprimento de prazos ou negligências em relação a um pedido amanhã. Sem dúvida, é extremamente difícil avaliar o impacto de esperarmos até amanhã para enviarmos um *e-mail* ou retornarmos uma ligação. Mas pergunto se você pensa na importância desses detalhes quando deixa escapar sua meta seguinte por uma diferença de um único dia ou quando se vê enterrado até o pescoço justamente no momento em que os prazos começam a pipocar à sua volta.

O verdadeiro risco ao bem-estar de sua empresa é abraçar a mentalidade estratégica quando você e seus funcionários estão mais centrados na recompensa do que em vivenciar o percurso, o que leva todos a valorizar aqueles grandiosos momentos de surpresa e lampejo em detrimento da rotina. Não concluir os trabalhos rotineiros em algum momento diminuirá o ritmo das empresas mais bem dirigidas e assolará aquelas não tão bem dirigidas. É por isso que me refiro a isso como **o drama da estratégia**.

CAPÍTULO 5

O drama da estratégia

Não me leve a mal. Acredito na importância da estratégia, de verdade. Mas me recuso a perder tempo com esse assunto. Em vez disso, vou assumir tacitamente que sua estratégia seja sólida, porque os empreendedores são bons nisso por natureza. Caramba, o *boom* das ponto.com do final da década de 1990 demonstrou isso. Naqueles tempos, havia estratégias formidáveis em tudo quanto é canto; inúmeras estratégias célebres, redigidas em um rascunho qualquer ou em guardanapos de papel à mesa de um bar, receberam uma montanha de investimentos. Mas poucas de fato tiveram sucesso, porque foram criadas sem nenhuma essência. Eram ideias geniais, mas não havia um plano real sobre o que deveria ser feito para torná-las acionáveis.

Observe os especialistas. Eles só falam de estratégia. É por isso que a estratégia é importante e atraente; ela lhe possibilita sonhar, ser audacioso e perseguir um objetivo com determinação! Hoje, somos aconselhados a pensar globalmente, a reestruturar o modelo empresarial, a avaliar a concorrência e a prever a direção que o mercado está seguindo. Por isso, contratamos consultores do primeiro time, colocamos em um mesmo pacote o que nossa empresa tem de melhor e mais brilhante, ficamos hibernados nas salas de reunião durante dias a fio, reformulamos nossa declaração de missão e produzimos uma pasta colossal chamada de **plano**. Em seguida, conduzimos uma reunião com toda a tripulação para anunciá-lo e para pôr todo o mundo em sintonia. Depois que damos o "grito de guerra", passamos uma cópia a cada pessoa, mas ainda assim erramos o alvo. **Por quê?**

Como os alunos que se formam na faculdade e recebem algumas iniciais antes do nome, acreditando que enfim estão totalmente realizados, para logo depois se darem conta de que estão apenas começando, é provável que você também esteja empreendendo um esforço exaustivo e no mais das vezes infrutífero. Você passa tanto tempo se preparando para se preparar, discutindo sua estratégia e cobrindo todos os ângulos concebíveis, que todo o mundo fica esgotado antes mesmo de começar. E quanto ao verdadeiro **plano** que surge desse processo? Bem, isso é com os funcionários. Eles é que devem colocá-lo em prática. Sua obrigação só foi dar o pontapé inicial. Agora, eles só precisam interpretar a genialidade presente em todas as páginas e (de alguma forma) fazer isso acontecer. Basta virar uma página de cada vez que tudo será resolvido satisfatoriamente.

Contudo, seis meses depois, num belo dia, você acorda sentindo o cheiro da fumaça deixada por seu concorrente quando ele o ultrapassa. Já distante de suas metas e lamentavelmente fora da rota, você volta a procurar a ajuda de especialistas, que agora lhe dizem que o que você precisa mesmo é de um plano novo, de um plano **revisto**. Além do fato de ser na maioria das vezes infrutífera e cara para o cliente e uma ótima maneira de os consultores entrarem nos cofres da empresa (ou seja, é lucrativo), a estratégia alimenta nosso lado intelectual. É bem mais recompensador e divertido falar sobre isso e pontificar do que **realizar** qualquer coisa de verdade. Ela nos rende algumas conversas no cafezinho e podemos exibir nosso brilhantismo à mesa de reunião. Afinal de contas, de vez em quando nos achamos o máximo; com a estratégia, temos a sensação de que estamos a par dos acontecimentos. Enquanto isso, a empresa vai lentamente se desviando do curso.

Mas o fato é que os negócios não funcionam de forma alguma dessa maneira. Se funcionasse, todos esses planos anotados em guardanapos de papel teriam funcionado maravilhosamente e haveria, como meu pai costumava dizer, "mais bilionários na pomposa lista da *Forbes* do que se possa imaginar".

Com relação a essa mentalidade estratégica, um excelente exemplo de derrocada ocorreu logo no início da minha carreira. Comecei a trabalhar para uma cliente que procurava a todo custo uma forma de brigar por uma fatia de mercado com seu principal concorrente, um gorila de quatro toneladas naquele segmento. Na época, as receitas da empresa de Lisa estavam na casa de 7 milhões de dólares, enquanto as de sua concorrente, Julie, na de 60 milhões de dólares.

Quando comecei a trabalhar com Lisa, ela estava visitando todas as empresas que contratavam os serviços de sua concorrente e reduzindo drasticamente os preços que cobrava por esses mesmos serviços. Como em breve ela veio a descobrir, ela estava jogando um jogo de perdedores, pois a sua concorrente simplesmente voltou atrás, equiparou os preços e conseguiu manter sua participação de mercado. Resultado: minha cliente se sentiu derrotada e estava verdadeiramente disposta a vender sua empresa a qualquer preço.

Foi nesse momento que perguntei à Lisa por que ela estava lutando uma batalha perdida e se haveria algum espaço no mercado que sua concorrente estivesse ignorando completamente. Descobrimos que havia um número considerável de alternativas. Então, no espaço de vários anos, Lisa mudou suas táticas e lançou um produto atrás do outro, ganhando uma fatia de mercado considerável e também um enorme ímpeto, e disso resultou um crescimento de 12 milhões de dólares no período de catorze meses apenas.

Assim sendo, a grande virada aqui é que o drama, no caso dessa estratégia, não estava relacionado à postura da minha cliente, mas à postura de sua concorrente, o gorila de 60 milhões de dólares. Parece que Julie, diretora presidente da empresa concorrente, estava muito satisfeita com sua abordagem estratégica para suplantar sua concorrente menor. E caso sua referência de sucesso tenha sido manter seus clientes, ela se deu bem. Entretanto, Julie não levou em conta uma questão fundamental: **a que custo?** Ao visar apenas à recompensa, ela não avaliou os desdobramentos de sua postura de cortar drasticamente os preços anos após ano, e sua empresa, com o passar do tempo, começou a se exaurir financeiramente. Como você pode ver, além de lançar novos produtos, Lisa continuou a baixar seus preços de propósito, sabendo perfeitamente que não conseguiria tomar o negócio de sua concorrente. Essa tática básica suplantou a estratégia empregada por Julie e possibilitou que Lisa entrasse no mercado por uma porta lateral.

No momento em que Julie percebeu o problema, já era tarde demais, e a empresa de fato fechou as portas e se extinguiu três anos depois da investida inicial de Lisa. Nos anos subsequentes, a empresa de Lisa cresceu de modo sistemático, alcançando a casa dos 50 milhões de dólares e tornando-se líder no setor. Depois disso, fundiu-se com uma empresa de capital aberto, permitindo que Lisa se aposentasse em uma mansão à beira-mar.

Esse não é um exemplo isolado. Embora aparentemente o insucesso dessa concorrente tenha sido provocado simplesmente por uma falha estratégica, até certo ponto sua estratégia era boa. O problema foi que ela imaginou que o jogo já havia terminado ao conseguir manter seus clientes. Ela não percebeu a oportunidade no ar e **não criou novos produtos** para prosperar em seu mercado cativo.

É exatamente por isso que me atenho tanto ao entremeio. É aí que se encontram todos os sinais de alerta, que, se ignorados, mais dia menos dia levarão sua empresa à bancarrota. No motociclismo, aprendemos uma coisa a que chamamos de **escalada para um acidente** (*crash ladder*). É uma máxima que relaciona os fatores que, se controlados pelo piloto, evitarão que algum dia ele venha a levar um tombo. A falta de atenção a um ou dois desses fatores ao pilotar é suficiente para aumentar de modo considerável o risco de acidente. No motociclismo, são vários os detalhes que compõem esses fatores, como não entrar em uma curva à noite a uma velocidade acima do alcance do farol, para que tenha tempo de reagir a possíveis obstáculos. Nos negócios, detalhes tão simples quanto esses podem fazer diferença, como conhecer bem o mercado e ficar atento às margens. Contudo, diferentemente do motociclismo, em que esses fatores são universais, nos negócios eles são com frequência exclusivos de uma empresa ou de seu setor.

Portanto, de que modo podemos evitar o **drama da estratégia** e aumentar nossa margem de sucesso em relação ao que queremos? Bem, parafraseando os políticos de alguns anos atrás: "É uma questão de tática, seu estúpido!". Resume-se a identificar os detalhes. E ao contrário de um lema bastante utilizado alguns anos atrás, nos negócios **precisamos nos desgastar por pequenas coisas**!

É verdade, geralmente todos nós nos apegamos a pequenas coisas. Do contrário, não estaríamos onde estamos hoje. Contudo, a realidade é que os inúmeros problemas que circundam todos os dias as organizações praticamente impedem que você e sua empresa mantenham tal aderência ao crescimento. Para manter mais adequadamente o devido foco e o devido controle, basta identificar e delinear os principais fatores, tanto os significativos quanto os menos significativos, que são essenciais para que se percorra com êxito a rota que se escolheu. Se você utilizar um método para isso e examinar sistematicamente os resultados, conseguirá estar em dia em relação a essas atribuições diárias fundamentais.

Em outras palavras, não deve haver grandes surpresas ao longo do caminho. Converse com qualquer bom motociclista. Ele lhe dirá que é fundamental evitar ao máximo, quando não totalmente, qualquer surpresa ao longo do caminho. Isto porque uma surpresa normalmente significa problema, além de sinalizar o fato de que não tomamos o tempo necessário para compreender e considerar todos os fatores já conhecidos ao longo do percurso. E isso pode ser prejudicial ao nosso bem-estar.

É justamente por essa razão que dividimos nossa viagem, percorrendo um trecho por vez. Assumimos uma postura confiante, mas cautelosa, que sirva para orientar nossas decisões. Dessa forma, estaremos preparados se o sol se esconder atrás das nuvens e nos forçar a mudar significativamente de direção ou a enfrentar uma chuva forte e repentina ao cair da tarde. Pelejar com isso não é nada divertido e nosso desejo é ir mais rápido, mas ao menos assim continuamos a perseguir nosso objetivo, mas com segurança.

Os principais pontos a serem lembrados é que nada avança sem desempenho e que o sucesso sempre depende de táticas, porque em toda estrada existem inúmeros obstáculos que podem nos arremessar em uma vala, se não pilotarmos devidamente. E nos negócios, interpretar mal e não dominar as táticas necessárias para partir de um lugar e chegar a outro não apenas nos leva para o fosso. Na verdade, é nesse sentido que as **melhores** estratégias estão fadadas a **falhar**.

CAPÍTULO 6

O que é pilotagem?

A vida define o ritmo dos negócios.

Do começo ao fim deste livro falo sobre meu **processo de pilotagem** e me apresento como piloto. Isso porque, ao longo dos anos, percebi que dirigir minha empresa ou qualquer outra empresa é equivalente a fazer uma longa viagem de motocicleta. Qualquer motociclista experiente lhe dirá que o segredo de chegar são e salvo a um destino, e na hora certa, é pilotar habilidosamente o entremeio, o espaço que separa o aqui e o lá.

Durante uma década e meia, usei favoravelmente meu processo de pilotagem para conduzir não somente a minha empresa, mas as de meus clientes. Não se trata de empresas iniciantes, pois os empreendedores com os quais trabalho já são bons no que fazem. Entretanto, todos têm necessidades diferentes. Alguns ainda querem prevalecer em seu mercado, mas sem dar tanto duro; outros se encontram em uma inevitável bifurcação, em que a vida profissional se intercepta com a vida pessoal, e precisam descobrir que rumo tomar.

Meus clientes já estão no mercado há mais de trinta anos, em média, estão à frente de empresas promissoras e são comprovadamente bem-sucedidos. Contudo, por estarem há décadas no controle de tudo, estão sofrendo de uma espécie de fadiga de percurso e estão buscando alternativas. Eles atingiram uma bifurcação e estão sentindo dificuldade de seguir em frente; esse obstáculo tende a confundi-los porque, nesse estágio da vida profissional, estão acostumados a conseguir aquilo que eles estabelecem para si mesmos.

Digo **confuso** porque todos esses indivíduos são muito competentes no que fazem e não estão acostumados com esse tipo de obstáculo. Todos os dias, vão trabalhar com a mesma garra do dia anterior (em muito casos, com muita garra), mas não conseguem ter o ímpeto indispensável para chegar lá. "Estamos dando mais duro do que nunca, mas os resultados simplesmente não aparecem", costumam dizer.

Eles estão tão imersos e entrelaçados com o que fazem profissionalmente que descobrir quais hábitos estão originando esse problema é praticamente impossível sem um par de olhos diferente. É como o motociclista que faz o mesmo percurso todos os dias e quer saber por que a paisagem não muda — é justamente por isso que eles me procuram.

"Gostaria que me ajudasse a descobrir por que cargas d'água não chegamos aonde precisamos e o que devo fazer a esse respeito", diz a maioria dos clientes em nossa primeira conversa. Até certo ponto, uma conversa é diferente da outra, mas geralmente os clientes revelam um ou mais dos seguintes sintomas, os quais originalmente me fizeram chegar até eles:

- "Estou exausto."
- "Estou esgotado."
- "Minha luta contra os obstáculos parece infindável, e eles ficam cada vez mais frequentes e maiores."
- "Raramente me sinto feliz, se é que me sinto."
- "Tenho muitas saudades daqueles bons e velhos tempos."
- "Minha equipe não consegue acompanhar o ritmo de crescimento da empresa." (Ou, mais importante, do mercado.)
- "Estamos sempre pelejando para cumprir os prazos no último minuto."
- "Estamos desrespeitando muitos prazos."
- "Por que sou sempre a pessoa que tem respostas para tudo?"

Ou a que sempre gostei:
- **"Estou cansado e de saco cheio porque contratei todas essas pessoas para ajudar a levar empurrar esse bonde para a frente, mas no momento em que me virei elas estavam na verdade sentadas nele!"**

Alguma dessas frases lhe soa familiar? Se sim, é porque chegar aonde você chegou hoje lhe exigiu vários anos de trabalho árduo e igualmente inúmeras provações e concessões. Você e sua empresa estabeleceram hábitos e normas que não são mais adequados à missão da empresa e no momento estão emperrando os trabalhos. Hoje, seus funcionários parecem fazer parte de uma grande família, e isso, com o passar do tempo, leva a empresa a ter vida própria.

Seus funcionários e sua empresa tornaram-se essenciais em tudo o que você faz porque foram o recurso que lhe possibilitou ter sucesso na vida. Mas o tempo tem seu preço e aos poucos você perdeu de vista o lugar aonde originalmente desejava chegar ou, em virtude das circunstâncias ao longo do percurso, você mudou totalmente o seu destino. Os mercados se transformaram e as tendências mudaram junto com a empresa — e isso consequentemente o fez mudar.

E por causa disso tudo você se tornou um bom administrador. Tomou devidamente a maioria das decisões, colocando a empresa em primeiro lugar. Ao longo do caminho, você fez concessões pessoais, embora isso não tenha sido tão importante assim. Esse é o jogo em que você apostou e o preço do ingresso foi aquilo que lhe foi ensinado.

Até o dia em que você acorda de manhã e se pergunta se isso é tudo o que há para viver. Você começa a se sentir empacado e escravo da rotina. Como foi que você deixou de estar em primeiro plano em sua vida? Quando foi que começou a perder de vista seus objetivos e sonhos? Quando foi que você ser tornou empregado?

Você quer voltar a ter controle sobre sua vida e que a empresa comece a trabalhar a seu favor do modo como deveria já desde o início. Mas a questão é: Como?

É aí que eu entro. Em minha função de piloto, sirvo como estrategista, tático, mentor, professor, conselheiro e, principalmente, um consultor confiável. Ajudo meus clientes a manter o foco no que é melhor tanto para eles quanto para a empresa ouvindo-os com atenção, com a mente aberta, e tendo coragem para discordar quando sinto que eles estão errados.

Essa função é vital porque os empreendedores, independentemente do nível, têm anseios genuínos e raramente os concretizam. Isso porque o velho ditado: **"É solitário quando se chega ao topo"** é uma verdade. Expor francamente à sua equipe ou à sua família o que se passa em sua mente só servirá para confundi-los e amedrontá-los. Por isso, poucas pessoas lhe restam para buscar alguma ideia e um *feedback* honesto.

Mas o *feedback* por si só não é suficiente para ajudá-lo a chegar aonde você quer. Você precisa de uma nova perspectiva sobre sua vida profissional.

Precisa saber como pode encaixá-la em sua vida pessoal. Em última análise, sua empresa nada mais é que o motor financeiro que provavelmente o levará aonde você deseja chegar. Metaforicamente, é o que você galga no dia a dia e percorre em sua longa jornada para uma vida bem-sucedida.

Assim que você passar a enxergar sua empresa dessa maneira, precisará utilizar um processo que comprove que sua direção está correta e o ajude a conseguir o nível de desempenho necessário para chegar a tempo ao seu destino. Isso se resume a aprender a pilotar melhor sua empreitada.

Enquanto empreendedores, o trajeto que consideramos mais atraente é aquele que é o menos movimentado, porque é mais interessante, tem a melhor vista e nos desafia. E é a necessidade de trilhar nosso caminho que torna a viagem mais difícil, visto que não podemos simplesmente confiar em um GPS já programado de fábrica. É verdade, valendo-nos da experiência de outras pessoas, podemos criar um mapa personalizado, mas isso normalmente é feito às pressas. Portanto, é incompleto e não contém vários detalhes cruciais sobre as rotas possíveis.

Desse modo, o que temos é apenas a estrada que algumas vezes nos parece evidente, mas na maioria dos casos encerra diversos desafios que surgem repentinamente na forma de imprevistos, curvas e obstáculos. Essas distrações nos fazem acordar certa manhã nos perguntando em que diabo de lugar estamos e por que na verdade queremos chegar **lá**. Ah, a propósito, por que ainda não chegamos **lá**?

Começamos a pôr em cheque o rumo que tomamos e nossa capacidade para chegar *lá* a salvo, e isso nos leva a começar a procurar respostas em outros lugares. Ao longo do caminho, lemos livros, contratamos consultores e procuramos a opinião de mentores e conselheiros, acumulando um calhamaço de informações. Porém, no final, todas as informações coletadas ao longo de nossa vida pessoal e profissional têm de ser digeridas e analisadas para chegarmos lá. E é precisamente aí que entra a pilotagem.

Meu processo de pilotagem foi concebido especificamente para aqueles momentos em que nos perguntamos: **"E agora?"**. O que torna esse processo exclusivo é seu objetivo único de fazer com que a empresa ou nossa vida profissional funcione de acordo com nossas metas de vida. Com ele, identificamos o trabalho a ser feito, bem como os planos, as atividades, o intercâmbio de ideias e as habilidades que serão indispensáveis.

Nos últimos quinze anos, esse método de execução simples mas eficiente gerou resultados promissores em uma amostragem diversa de empresas empreendedoras. Esse processo, fundamentado em princípios comprovados, depende de foco e persistência, e não de velocidade, porque a excelência surge quando mantemos o desempenho ao longo do tempo.

Todas as seções desse processo foram idealizadas para se adaptarem facilmente às atividades cotidianas de sua empresa e não as interromperem. Ele nos ajuda a canalizar aquela postura indispensável do **"faça tudo o que for preciso"** e a manter sua empresa sempre entre as mais destacadas.

Nos capítulos subsequentes, mostrarei de que forma você pode atingir seus objetivos mais rapidamente conduzindo sua empresa como se estivesse viajando por uma longa estrada em uma moto. Quase como o motociclista que está fazendo uma trilha, não basta fixar um ponto no mapa e sair pilotando. Em todo empreendimento, antes de levantar o estribo, é fundamental identificar e focalizar seis fatores.

1. Destino final.

Toda boa viagem começa tendo-se um destino em mente. No Capítulo 7, apresento "a pergunta primordial", que pode ajudá-lo a identificar seu destino na vida. Você deve estar se perguntando por que estou falando de vida pessoal primeiro — afinal, este não é um livro de negócios?

Faço isso porque tenho clara convicção de que a vida pessoal e a vida profissional são dois lados da mesma moeda, e não é possível obter um sucesso verdadeiramente significativo em ambas, se os dois lados não forem considerados logo no início da etapa de planejamento.

Para isso, você precisa colocar seus objetivos de vida na frente de seus objetivos profissionais. Somente quando identificamos claramente aonde desejamos chegar na vida é que podemos focalizar devidamente nossa empresa. Com essa mudança de perspectiva essencial, você assegurará que a empresa funcione sempre a seu favor, e não o contrário.

2. Etapas principais ou trechos do percurso.

Como o "destino final" constitui sua visão **pessoal** de sucesso, você precisa levar esses objetivos pessoais para o lado profissional, e é nessa etapa que você identifica o destino da empresa. No Capítulo 11, vou lhe ensinar a criar um **cenário** de negócios claro e simples que canalize seu motor econômico.

No Capítulo 11 vou lhe ensinar também a dividir esse percurso em **trechos**, porque concentrar-se apenas no "destino final" é uma tolice, visto que há várias outras vias entre o ponto de partida e o de destino. Esses trechos são uma sequência de etapas de 12 a 18 meses que servem para envolver sua equipe e fazer com que compre a ideia. Ao definir objetivamente as paradas ao longo do caminho, você possibilita que sua equipe se concentre melhor nas coisas certas e garante assim uma boa viagem.

3. Plano ou roteiro de viagem.

Assim que criar o **cenário**, fixando a primeira parada no mapa, você e sua equipe devem identificar o melhor caminho para partir de um determinado ponto e chegar lá. E para isso você precisa de um plano.

Entretanto, fazer um planejamento à moda tradicional pode ser trabalhoso porque aprendemos que um plano pode levar dias para ser redigido e ter um tamanho equivalente ao *Guerra e Paz*. Esse planejamento está fadado a se transformar em uma pasta colossal e ser esquecido na estante depois de mais ou menos sessenta dias. É aí que o **processo de planejamento tático** que descrevo no Capítulo 12 transgride as regras.

Idealizado especificamente para empreendedores que precisam agir com rapidez, o planejamento tático é enormemente mais eficaz do que o planejamento estratégico tradicional. Depois de algumas horas de concentração e dedicação, você e sua equipe identificarão as táticas essenciais para atingir um alto desempenho e o sucesso. Assim que documentadas, essas táticas tornam-se um roteiro claro e objetivo sobre as atividades diárias de sua empresa e transformam a visão de sua empresa em realidade.

4. Comunicação.

Assim que documentar o plano, tudo o que lhe resta a fazer é implementá-lo. A implementação depende de comunicação, e comunicação se traduz em **reuniões**. Porém, sejamos realistas, ninguém gosta de reuniões.

Quando visito meus clientes pela primeira vez e faço algumas perguntas com respeito às reuniões realizadas na empresa, as pessoas costumam olhar torto, suspirar e murmurar, dando uma clara evidência de que consideram as reuniões um desperdício de tempo. Entretanto, não há como contorná-las. Sem elas, nada se conclui. E é justamente durante as reuniões que ocorre o **processo de pilotagem**.

Se realizadas apropriadamente, as reuniões, como sempre, são o meio mais eficaz de comunicação dentro de qualquer empresa. No Capítulo 14, falarei sobre as três categorias de reunião que são conduzidas nas empresas atualmente e indicarei os elementos essenciais da boa comunicação em cada uma delas.

5. Funções e responsabilidades ao longo do caminho.

Você já tem o plano e seu processo de comunicação é eficaz em toda a empresa, mas seus funcionários ainda não conseguem pensar por conta própria e ter iniciativa e dependem de você para solucionar todos os problemas. Pelo fato de procurarem você toda vez em que surge uma dúvida, eles o transformaram no principal gargalo da empresa, criando, ao mesmo tempo, um círculo interminável.

Esse questionamento constante mina sua confiança na capacidade de seus funcionários de tomar as decisões corretas. Desse modo, você continua a se intrometer na maioria das decisões ou em todas elas, e isso, portanto, força seus funcionários a continuar a procurá-lo porque eles sabem que você não confia neles. Isso não é frustrante?

No Capítulo 15, vou lhe ensinar a **canalizar o poder do grupo**, que chamarei de **matilha**. Como também vou explicar no Capítulo 14 de que forma você usará os **Três Qs do Raciocínio Crítico** – utilizando algumas ferramentas fáceis de implementar –, com o que será possível pôr um fim nessas questões frequentes e irritantes. E daí em diante você conseguirá se concentrar em questões mais importantes. Com esse processo básico, você deixará de ser o centro de tudo e, ao mesmo tempo, confiará mais na capacidade de seus funcionários de tomar decisões acertadas.

6. Habilidades de pilotagem.

Para conseguir atravessar o espaço entre o **ponto de partida** e o de **chegada**, mantendo um alto nível de desempenho, você precisa **aguçar suas habilidades**.

Os motociclistas hábeis estão sempre aperfeiçoando suas habilidades de pilotagem porque sabem que a "estrada do futuro" e que há pela frente não para de mudar. Condições climáticas, tráfego e outros fatores que eles não podem controlar os desafiam todos os momentos em que põem o pé na estrada, e isso não é diferente no mundo empresarial.

Portanto, a capacidade tanto sua quanto de sua equipe de tirar vantagem imediata das oportunidades e de lidar com a adversidade ao longo do caminho é fator que determina a velocidade com que você atingirá seus objetivos. Portanto, no Capítulo 16, compartilharei com você os métodos que emprego para desenvolver e aguçar as habilidades profissionais de sua equipe.

Agora, engate a primeira e vamos nos mexer, porque tenho algumas histórias de estrada para lhe contar.

CAPÍTULO 7

Encontrando meu destino final

"Se você não sabe para onde está indo, qualquer estrada o levará até lá."
— Lewis Carroll

Uma das coisas que mais gosto no motociclismo é a **solidão** que isso me possibilita ter, esteja viajando sozinho ou com outras pessoas. Afinal de contas, não creio que seja possível manter um papo inteligível com o motociclista ao seu lado pilotando a 90 km por hora. Além disso, com um capitão de estrada à frente para mostrar o caminho, só preciso me preocupar em prestar atenção aos seus sinais e em não sair dos limites da estrada. Assim, minha mente pode divagar — e divagando ela fica.

Compartimentei meus pensamentos passados e só me concentrei no aqui e agora quando tive de lutar contra um câncer. Mas se eu de fato quisesse compreender e enfrentar o futuro, aquele era o momento de olhar para trás e lidar com algumas das derrotas que havia enfrentado recentemente. E isso significava que eu teria de lidar particularmente com algo colossal.

Mas experimentei na vida inúmeros acontecimentos viscerais que me deixaram sem ar. Caramba, qualquer pessoa que tenha vivido o suficiente sabe do que estou falando. Mas esses acontecimentos normalmente estavam restritos à minha vida pessoal, como a perda dos meus pais e de entes queridos e outros assuntos particulares. Contudo, dentre os incidentes mais marcantes, o que mais me deixou estupefato e cambaleante foi também um dos maiores na história do meu país: **11 de setembro de 2001**.

Isso nos alvejou com força e abalou todo o país. E além dessa evidente tragédia e da terrível perda de inúmeras vidas naquele dia, o efeito dominó na economia, sentido no país por empresas de todos os cantos, só fez aumentar todo aquele estrago. Minha própria condição produziu uma corrente de retorno que praticamente me derrubou, catalisando minha crise profissional na meia-idade. Porém, antes de entrar nessa história, gostaria de lhe passar algumas informações preliminares.

No início de 1994, recém-saído de minha carreira no setor bancário — em que servia como um dos "caras dos *turnarounds*" —, constituí minha empresa de consultoria. Quase um ano depois, formei parceria com um amigo extremamente talentoso, um executivo de primeira linha do setor bancário, e começamos a experimentar um crescimento bastante rápido. A junção de minha experiência em gestão de pessoas com a dele na área financeira foi um imenso benefício para as empresas com as quais trabalhamos.

Como nossa reputação no mundo do empreendedorismo cresceu, fomos procurados por inúmeras empresas mais inexperientes que estavam buscando assessoria. Isso ocorreu durante o *boom* das ponto.com, e a maioria das empresas que procuravam assistência estava envolvida com algumas tecnologias extremamente modernas. Como éramos empreendedores na verdadeira acepção da palavra e reconhecíamos uma oportunidade à primeira vista, eu e meu sócio em pouco tempo levantamos algum capital e começamos a operar uma empresa nascente de investimentos em capital de risco para tirar proveito desse segmento emergente de alta tecnologia no mercado da Flórida central.

Como tínhamos grande experiência profissional para criar empresas e ajudar os empreendedores a ter sucesso, nosso plano era simples: encontrar algumas empresas especiais às quais nossas aptidões se adequassem melhor, adquirir algumas ações e pegar a onda das ponto.com. Nossas iniciativas para recrutar essas empresas se mostraram bastante promissoras e atraímos rapidamente para debaixo de nossas asas um pequeno grupo de empresas de base tecnológica.

Uma delas era dirigida pelo bambambã das ideias, que sempre perseguia três ideias ao mesmo tempo (algo que deveria ter nos servido como um sinal de alerta mais do evidente). A ideia que nos chamou atenção foi, em virtude do momento, uma excelente concepção de produto que reunia DVDs, esportes e patrocínios. Quanto mais analisávamos a ideia, mais gostávamos, o que me levou a realizar uma reunião na sala de estar da minha casa com o bambambã das ideias, meu sócio e um amigo do peito que se tornaria depois o principal investidor desse empreendimento.

Como em qualquer outro empreendimento de risco recém-criado, havia sinais de perigo e dificuldades desde o princípio. O primeiro grande sinal de alerta com o qual me deparei nesse projeto ocorreu quando todos nós decidimos que o cara das ideias não poderia manejar o leme daquele empreendimento no dia a dia. Foi aí que o investidor olhou para mim no outro lado da mesa e disse: "Estou dentro, mas Dwain é quem deve tocar o projeto." Algo do tipo: é você quem deve fazer as apostas (e se arriscar) porque o dinheiro já está aí. Era óbvio que eu tinha uma decisão a tomar.

Portanto, alguns dias depois — e sem nenhum outro motivo real senão os sinais de cifrão piscando a distância —, fui ousado e aceitei, e partimos para a briga. Para ser honesto, não estou contando com todos os detalhes até que ponto eu confiava nessa ideia na época; todos nós acreditávamos no tremendo potencial desse projeto, e a princípio havia sinais de que ele teria ampla aceitação. O problema real com respeito à minha decisão ficou claro para mim quando, já suficientemente tarde, parei e percebi que já tinha uma empresa, que havia acabado de nascer, para dirigir em tempo integral. Esse novo empreendimento paralelo significava que daquele momento em diante eu teria de desviar os olhos de uma bola para conseguir rebater a outra.

Para piorar ainda mais as coisas, meu sócio também não podia assumir a direção da empresa. Sua paixão pelos *turnarounds* o levou a alçar voo para uma direção totalmente diferente, onde já dirigia dois outros negócios em tempo integral. Portanto, cometi um erro empresarial clássico e procurei o mais antigo dos consultores que trabalhavam conosco, imaginando que ele poderia assumir a presidência de minha empresa e dirigi-la diariamente.

Como era de esperar, seu mandato teve vida curta; menos de dois meses depois, pedi que se demitisse do cargo por falta de desempenho. Lição aprendida: uma coisa é trabalhar **na** empresa, outra totalmente diferente é ter coragem e paixão para comandá-la. O cara que eu havia escolhido não tinha nem uma coisa nem outra. Isso me obrigou a dirigir duas empresas diferentes e a me precipitar para um desastre inevitável. Como também era de esperar, quando esse novo empreendimento começou a ganhar ímpeto e crescer, minha empresa original começou lentamente a perder o rumo e a mudar para uma direção oposta.

Apesar disso, continuei naquele novo projeto. E, não obstante os desafios usuais de todo novo empreendimento, acabamos perseguindo uma oportunidade significativa com um dos times da NFL e conseguimos fazer progresso com a NBA e a Major League Baseball, apenas nove meses depois do primeiro esboço do projeto. Se tudo corresse de acordo com o planejado, nosso primeiro cliente subiria a bordo justamente no momento em que nossos recursos financeiros já tivessem sido torrados. Contudo, como dizem:"Os melhores planos de ratos e homens [costumam dar errado]". No final, esse plano acabou martelando na minha cabeça como uma maldita memória do "Onde você estava [no 11 de setembro]?" — algo que calou tão fundo na minha mente que me lembro como se tivesse sido ontem.

Na manhã de 11 de setembro, eu e alguns colegas estávamos em uma reunião de planejamento no escritório de nosso parceiro em projetos criativos, localizado em um grande terreno nos fundos da Disney-MGM Studios, em Orlando, Flórida. Era uma manhã que prometia muito, pois estávamos preparando uma proposta que, na nossa opinião, nos renderia o primeiro contrato naquele projeto. Daí, 45 minutos depois, um executivo foi até a nossa sala de reunião, abriu a porta e gritou para que ligássemos a televisão.

Quando ligamos, o colega que estava sentado ao meu lado e também trabalhava para uma companhia aérea importante murmurou a palavra "terroristas" enquanto assistíamos ao estrondo do segundo avião contra a imponente torre do World Trade Center. Daquele momento em diante, eu e meus colegas, como todo o mundo naquele dia, passamos horas na frente da televisão, emudecidos e absolutamente chocados. Quando a primeira torre foi abaixo, não consegui mais ficar ali e sai para respirar ar puro e pensar sobre algo que só pode ser descrito como uma coisa do outro mundo.

Depois de perambular sem rumo e ligar para alguns amigos mais chegados, me vi a menos de 90m da atração Torre do Terror, que — visto que as notícias sobre os ataques ainda não haviam se propagado pelo parque — estava funcionando. Ouvi crianças e adultos gritando até arrebentar os pulmões de tanto medo. Comecei a me encolher, já com os olhos cheios de lágrimas, imaginando as torres do terror reais que estavam sendo televisionadas ao vivo de Nova York naquele momento. Era algo, em suma, surreal.

Estou contando essa história porque naquele dia algo mais começou a desmoronar para mim: tudo o que eu havia batalhado na vida naqueles últimos noves meses. Eu havia apostado tudo nesse projeto, e num determinado dia ele foi varrido da mesa junto com várias das minhas esperanças quanto ao futuro. Nessa maldita chamada para a realidade, vi que corria perigo, estava à beira do fracasso e da falência, à beira do abismo. Risco razoável e controlável é uma coisa, mas daquela vez eu havia avaliado muito mal a oportunidade, o que me deixou metaforicamente tirando lascas de asfalto do bumbum em decorrência do tombo que levei. Como o país nunca havia experimentado um ataque terrorista em seu próprio solo, engatou o ponto morto no câmbio dos empreendimentos e baixou o estribo por algum tempo.

O bom foi que ninguém me culpou por esse tombo, porque meus sócios eram mais do que compreensivos. O principal investidor, que até hoje é meu amigo mais chegado e confidente, atribuiu isso a uma daquelas "coisas que acontecem" no mundo dos negócios, uma situação do tipo "quem não arrisca não petisca". Eu poderia muito bem seguir adiante, ficar naquele estado de negação e atribuir o fracasso do meu empreendimento a acontecimentos internacionais que estão além do meu controle. Certamente eu não era o único que estava sentindo os efeitos daquele dia; muitas pessoas e muitas empresas estavam na mesma situação. Mas eu tinha consciência das coisas.

Sabia que não era falha de mais ninguém, a não ser minha, e essa culpa me fez sentir extremamente sozinho. Como era também desconfiado e cauteloso, comecei a duvidar da minha capacidade enquanto empresário. A realidade é que meu insucesso nessa confluência de acontecimentos não era simplesmente falta de sorte. Eu me coloquei desnecessariamente em uma situação difícil e desapontei todas as outras pessoas envolvidas.

Nos dias e semanas pós-11 de setembro, eu e meus sócios conversamos sobre a possibilidade de levantar mais capital. Mas esses planos acabaram dando em nada justamente porque, no final, eu tomaria um tombo do qual simplesmente não conseguiria me restabelecer. Era mais do que óbvio que eu não estava mais naquilo de coração; eu me desviaria muito do meu verdadeiro caminho, e não faria outra coisa senão me queimar por isso. Na realidade, a verdadeira lição que tirei por lançar os dados e perder foi que meu processo de tomada de decisão tinha falhas.

Foi uma constatação cruel perceber que qualquer empreendimento empresarial que eu entrasse unicamente para ganhar dinheiro estava condenado ao fracasso. Se eu mesmo não cometesse algum erro, outra pessoa cometeria, porque ao primeiro vento forte aquele castelo de areia muito provavelmente desmoronaria. E para piorar ainda mais as coisas, eu estaria retornando para uma empresa de consultoria que só tinha casca.

Curiosamente, ao lidar com as emoções do momento, não senti nem raiva nem remorso quanto à perspectiva de estar quebrado, muito provavelmente porque já havia experimentado isso antes e daquela vez estava apenas prestes a ficar quebrado. Eu cresci na vida e profissionalmente com as duras lições que aprendi nas ruas; consequentemente, sempre me sinto insatisfeito com o presente e me volto para os mistérios e as promessas do futuro. E o melhor de ficarmos quebrados uma ou duas vezes na vida é que isso não apenas nos ensina a ganhar dinheiro, mas nos dá uma sensação de liberdade. Como diz a letra de uma antiga música de Janis Joplin, *"Freedom's just another word for nothing left to lose"*.* Assim sendo, eu tinha possibilidade de recomeçar tudo do zero.

Tenho uma saudável determinação de vencer e ser bem-sucedido, o que me levou bem mais além das minhas expectativas de vida originais. Costumo pensar que minha maneira de ver e sentir se deve ao fato de ter crescido na pequena cidade *cajun* de Opelousas (Luisiana), onde com a tenra idade de sete anos já era deixado sozinho em casa após a escola,** visto que meu pai e minha mãe trabalhavam fora. Na época, isso era incomum, e acredito que essa experiência me tornou extremamente independente e autossuficiente, traços que me ajudaram muito ao longo da vida.

Essa trajetória autônoma, junto com o motociclismo, me faz sentir até certo ponto à vontade em relação ao risco; tenho inclinação para viver mais arriscadamente do que a maioria. Minha predisposição a assumir riscos me tornou adequado ao empreendedorismo, visto que os empresários normalmente são obrigados a dar um salto de fé após outro para conseguir chegar ao patamar seguinte. Mas não sou um apostador no sentido tradicional; embora os apostadores assumam riscos cujas consequências dependem da sorte ou de fatores externos, eu assumo riscos em situações que dependem mais do meu desempenho pessoal do que de fatores que não posso controlar. Construí minha carreira sabendo gerenciar esses tipos de risco, mas isso não quer dizer que não tenha minha cota de tombos. Contudo, toda vez em que me vi obrigado a me levantar, simplesmente admitia o tombo como uma lição de vida. Dizem que usar excessivamente um ponto forte torna-se uma fraqueza, e a audaciosa determinação que

---

* "Liberdade é apenas outra forma de dizer que não se tem nada a perder." (N. da T.)

** Nos Estados Unidos da América (EUA), as crianças cujos pais trabalhavam fora e ficavam sozinhas após a escola, são chamadas de *latchkey kids* (crianças com chave). (N. da T.)

levou meu empreendimento ao fracasso então me fez encarar a lição mais cara até aquele momento.

O motivo pelo qual o 11 de setembro me atirou para longe da minha lendária moto, me deixando estupefato e confuso à beira da estrada, é que aquele caminho que eu havia escolhido não era o **meu** caminho. O sonho que eu havia perseguido era um sonho coletivo, projetado por quatro empresários em minha sala de estar numa determinada noite. Todos eles contribuíram com sua cota para esse sonho, mas eu o vesti sozinho como se fosse uma roupa minha, sem ao menos considerar se de fato me caía bem.

Ao longo dos anos, de todas as lições turbulentas que aprendi nessa trajetória, esta foi de longe a mais importante: quando estou em um caminho que tenho certeza de que é certo para mim, percebo que antes da maioria dos desafios existem portas que não parecem exigir grande esforço para arrombar e entrar. Não percebo tanto esse esforço quando estou totalmente em harmonia com o mundo; galgo meu caminho através dessas provações, porque é isso que me foi determinado fazer. Entretanto, visto que àquela altura eu ainda não havia aprendido essa lição, passei por todos os sinais ao longo do caminho até aquele tombo inevitável, sem jamais acreditar nos perigos. Eu imaginei que pôr um projeto para funcionar **provavelmente** seria difícil. E embora isso seja sem dúvida verdade, eu havia me esquecido da diferença entre os desafios bem-vindos quando estamos no verdadeiro caminho e as dificuldades quando estamos no caminho errado.

Eu precisava imensamente tomar essa lição tão logo estivesse preparado para me lembrar dela como apenas outro desafio ao longo do caminho; para isso, eu tinha de remover o ruído de fundo, entender a mensagem disso tudo e achar a solução correta. Mas isso gerou um dilema: eu tinha de contrabalançar o tempo que precisava para pensar com a inevitável necessidade de gerar receita. De que modo eu poderia evitar que perdesse tudo e, ao mesmo tempo, garantir que não tomasse novamente a direção errada?

Portanto, lá fiquei, simplesmente me perguntando que droga eu faria em seguida, e dessa vez significava mais do que apenas me levantar, sacudir a poeira e montar novamente na maldita moto. Era uma situação que exigia uma postura em grande medida diferente daquela à qual estava acostumado. Diante disso, em vez de reagir da forma usual, enfrentando um obstáculo com uma força igual ou superior, adotei uma abordagem budista. Já totalmente em pé e sem poeira, me sentei para meditar, mas com um propósito.

Algumas pessoas até podem considerar essa postura passiva, mas isso seria um grande equívoco. Na verdade, isso se provou um dos testes mais difíceis que já enfrentei. Ficar fisicamente em silêncio com a mente em alvoroço foi um tanto quanto difícil; para uma pessoa extremamente motivada, com uma personalidade tipo A, sentar em silêncio por um longo tempo não é de forma alguma algo natural. Mas não havia outra maneira de cavar fundo dentro de mim mesmo para descobrir quem de fato eu era nesse mundo dos negócios e exatamente onde me encaixava.

Eu também me fiz lembrar de que a maioria das minhas decisões erradas ocorria quando agia muito rápido e acabava ganhando um falso ímpeto. Diante disso, interrompi a viagem para ver o que fluía para mim naturalmente. O que poderia florescer na minha vida se eu não fizesse sempre chover? — perguntei para mim mesmo. Quais oportunidades de negócios, mais do que todo o trabalho árduo que empreendi ao longo dos anos — considerando minhas experiências, reputação e habilidades —, me seduziriam naturalmente? Entretanto, descobrir isso era na verdade uma parte da resposta. A solução como um todo não era apenas aguçar minha capacidade de ganhar dinheiro. Em primeiro lugar, eu precisava descobrir **por que** eu queria isso. Precisava descobrir a direção que gostaria de tomar assim que os negócios começassem a fluir.

O grande salto ocorreu depois de várias escapadas que fazia nas tardes ensolaradas, na casa de barcos de outro amigo, quando então me sentava na doca para me contagiar da serenidade que a água me trazia. Ficava ali sozinho com meu fiel bloco de anotações amarelo, refletindo profundamente sobre meus empreendimentos, minha vida pessoal ou então sobre absolutamente nada. Num determinado dia, abri uma página do excelente livro *Good to Great* [*De bom a excelente*] (Collins Business, 2001), de Jim Collins, e comecei a trabalhar o meu próprio conceito de porco-espinho. Para aqueles que não estão familiarizados com essa teoria, ela se resume a três perguntas simples. Primeira, qual é a sua maior e mais absoluta paixão? Segunda, o que você pode fazer melhor do ninguém neste mundo? E terceira, as pessoas lhe pagarão para fazer isso?

Comecei a relacionar no meu bloco tudo o que eu tinha paixão por fazer, e procurei facilitar as coisas. Se fosse algo que fizesse eu deixar minha "cama de doente", significava que eu **adorava**; se não, não entrava na lista. Esse era o critério que eu usaria à medida que o fluxo natural dos negócios colocasse mais e mais oportunidades no meu caminho. O que descobri ao fazer minha lista foi que realmente adorava pilotar empresas, visto que essa é uma função que abrange todos os meus talentos. Naquele momento, só era preciso estruturar minha empresa de um modo que pudesse me concentrar somente nesse aspecto do negócio. Infelizmente, descobri que a atual estrutura da empresa tinha várias coisas que eu não queria fazer — o que me obrigou a começar a classificá-las.

Continuei me autoavaliando e relacionei em uma página tudo o que era necessário para reconstruir a empresa que eu verdadeiramente desejava. Em seguida, em outra página, usando o já antiquado diagrama em forma de T, dividi a lista em duas seções. De um lado, relacionei as coisas que adorava e do outro as coisas que detestava em relação a dirigir uma empresa.

Eram os itens do lado direito do diagrama em forma de T — dos quais eu não gostava — que eu deveria me livrar ou então aceitar. Ao examinar a lista, tive um lampejo de clareza, que mudou o meu mundo no instante em que percebi como minha visão havia sido influenciada pelos outros. Era o momento de utilizar as lições que havia aprendido e criar meu próprio caminho. Era o momento de ser verdadeiro **comigo mesmo**.

Não havia concluído o terceiro grau, mas com a formação que obtive na rua ganhei confiança e determinação na maioria das áreas. Entretanto, isso também me fez ficar carente em outras, o que me deixou extremamente suscetível às ideias daqueles que eu considerava mais talentosos do que eu. Até aquele momento, havia valorizado muito a opinião dessas pessoas sobre meu próprio rumo e a forma que havia empreendido para chegar lá. Consegui compreender que uma coisa é receber conselhos; outra é permitir que essas opiniões bem-intencionadas controlem meu caminho. Como me disse meu instrutor de motociclismo: "Só porque o piloto na sua frente entra em uma curva a 100 km/h ou escolhe um determinado caminho, isso não significa que deva fazer a mesma coisa. Você deve confiar em suas próprias capacidades e instintos." Embora alguns motociclistas achem que o importante é velocidade e ousadia, os bem-sucedidos sabem que na verdade o que importa é pilotar de acordo com seus dons e desejos.

Quando ainda estava na fase inicial dessa empreitada, sucesso para mim era construir uma empresa maior, visto que as empresas tendem a ser avaliadas pelo tamanho e não pelo conteúdo. Como a maioria dos empreendedores e empresários, desenvolvi uma compulsão por crescer a qualquer custo. Nessa busca pelo sucesso, me esqueci de construir minha empresa de forma que ela funcionasse a **meu** favor — e não o contrário! E ao agir assim quase que perdi a alma. "Se isso tem tanto potencial assim, então, para que o mundo me considere um sucesso, eu **tenho** de alcançar isso!", imaginei eu, caindo nas armadilhas do pensamento. Era o momento de parar de ouvir todos aqueles conselheiros bem-intencionados lá fora que me diziam que eu deveria agir desta ou daquela forma nos negócios. Eu precisava acreditar em mim mesmo, montar e pilotar a maldita moto do **meu jeito**.

"O caminho mais rápido para chegar ao meu destino é este, então vamos dar duro para chegarmos lá em tempo recorde" — você nunca ouvirá um motociclista experiente dizer isso quando ele estiver planejando uma viagem de um dia ou de uma semana. De modo algum! Em vez disso, ele pergunta qual rota oferece a melhor vivência e a viagem mais recompensadora. Era o momento de ouvir o meu íntimo, na pele de motociclista, para determinar qual rota de negócios me oferecia maior satisfação. Se minha visão de sucesso conflitasse com o que os outros consideravam o tamanho e o escopo possíveis da empresa — fosse lá que inferno fosse —, tudo bem. Afinal de contas, a empresa era minha, e se não conseguisse encontrar o ponto ideal entre o potencial da empresa e a concretização de minha visão de sucesso pessoal, então a probabilidade de alcançar ambos era pequena.

Desse modo, percebi que, para mim, mais importante do que criar uma grande empresa era erguer uma excelente empresa que afetasse minha comunidade de negócios de uma maneira exclusiva e significativa. Eu tinha absoluta certeza de que, para alcançar essa nova visão de sucesso, precisava tomar unicamente aquelas medidas que estivessem coerentes com minha missão.

Avanço rapidamente cinco anos — e nesse momento estou sentado no cume de uma montanha, olhando abaixo os picos cobertos de nuvens. Agora a questão não é saber como construir uma excelente empresa, mas como abastecer de vida essa excelente empresa que construí e, ao mesmo tempo, atingir a situação ideal de ganho mútuo.

Depois de comungar com as nuvens, montei e comecei a andar. Naquele momento precisava voltar e repetir o processo que, anos atrás, havia promissoramente me conduzido a este ponto. Precisava me fazer a "pergunta":

Já se passaram cinco anos, e minha vida, em todos os sentidos, caminhou de acordo com o planejado — todos os desafios superados, todas as metas atingidas. Que sensação isso lhe traz?

Essa não é de forma alguma uma pergunta fácil de responder. Na verdade, fica cada vez mais difícil por causa do ritmo com que as coisas hoje estão ocorrendo ao nosso redor. Mas eu precisava de tempo suficiente para pensar sobre e responder essa pergunta porque sabia que isso me ajudaria a encontrar o equilíbrio entre trabalho e vida pessoal.

Muitas pessoas falam sobre **atingir o equilíbrio**; essa parece ser uma das metas mais cobiçadas da vida, embora difíceis. Logo que criei minha empresa, fui a uma palestra de Tom Peters, famoso autor da área de gerenciamento empresarial. No meio da palestra, ele começou a falar sobre a questão de ter equilíbrio na vida. Ele uso o exemplo das Olimpíadas de Atlanta, que estavam ocorrendo naquele momento. Ele se referiu às ginastas adolescentes, que acordavam todas as manhãs antes do nascer do Sol, exercitavam-se e depois voltavam para casa para tomar banho e ir direto para a escola. Após a escola, passavam mais algum tempo treinando e voltavam para casa para fazer o dever, jantar e dormir.

Elas faziam isso todos os dias. Não iam a festas, não participavam do teatro da escola e não passavam o tempo com os amigos no cinema. A vida delas, vista por uma pessoa comum, seria considerada totalmente desequilibrada. Até o momento em que se acrescentasse a isso um pequeno fator — **elas estavam tentando obter a medalha de ouro!** Assim que você inclui essa informação, passa a admitir que as garotas estavam em total equilíbrio, porque todas haviam identificado e assumido sua meta de atravessar a linha de chegada.

Todo o mundo na vida tem suas oportunidades de medalha de ouro. O problema é que, no papel de empreendedores, com frequência perdemos de vista as linhas de chegada. No princípio, tínhamos de trabalhar setenta horas por semana para ter sucesso, mas assim que conseguimos alcançar certo grau de sucesso, esquecemos de desativar a mentalidade do "progresso constante". Há muito tempo eliminamos nossa oportunidade de medalha de ouro original e a substituímos por uma nova, sem aferir novamente o esforço necessário para alcançá-la. Voltando à analogia com as Olimpíadas, depois de ganhar a medalha de ouro olímpica, a ginasta não continuaria treinando como louca se sua meta fosse naquele momento formar-se na faculdade. Ela reavaliaria sua situação e calcularia o que seria necessário para atingir sua nova meta.

Eu mesmo fiz essa reavaliação, e tenho certeza de que não quero mais agir a toda prova e trabalhar de 60 a 70 horas por semana unicamente para fazer minha empresa crescer. Quero uma agenda de trabalho mais equilibrada e sensata, quero sentir o perfume das flores ao longo do caminho e quero parar em algumas atrações à beira da estrada nos fins de semana prolongados ou nas semanas de folga que eu tirar. Caramba, eu quero ter uma vida fora da empresa, e não há nada de mal nisso! Afinal de contas, a empresa é minha; eu não entrei nessa para provar nada a ninguém, mas pra criar e administrar minha rota de vida. Portanto, naquele momento, eu precisava percorrer o que ainda restava naquela longa viagem e alcançar minha resposta. Precisava também mostrá-la ao universo para que as pessoas vissem e agissem em relação a ela — porque isso cria ímpeto. Em última análise, esse é o meu caminho — é para onde eu quero e preciso ir.

Regras da estrada

- É fundamental que você olhe para todos os âmbitos de sua vida, pessoal e profissional.
- Procure enxergar além da semana, do mês ou do ano seguinte — você deve fazer uma projeção de três a cinco anos.
- Use a **pergunta** para determinar o que você de fato deseja extrair da vida.
- Não faz mal ser egocêntrico, porque se você não cuidar de suas necessidades pessoais não conseguirá cuidar das necessidades dos outros.

Para encontrar seu destino final, você pode utilizar algumas ferramentas gratuitas e obter instruções detalhadas no meu site: *www.BikersGuidetoBusiness.com*.

CAPÍTULO 8

Esse caminho é meu, tão somente meu

Depois que o 11 de setembro arrasou com o projeto em que eu estava trabalhando, passei um bom tempo sozinho com meus pensamentos ou buscando o conselho de meus mais fiéis amigos e confidentes. Naquela época, duas dessas pessoas eram meus sócios na empresa de consultoria. Uma delas trabalhava comigo diariamente. A outra morava no lado oposto do Estado e servia mais como mentora do que como sócia ativa.

No período em que trabalhava nesse projeto, meu sócio local resolver começar a trilhar seu caminho no mundo dos *turnarounds*, função que lhe caía perfeitamente bem. Para mim, ficou mais do que evidente que aquele nosso empreendimento de risco encontrava-se em uma encruzilhada — ele estava tomando um rumo e eu outro.

O engraçado de estar em bifurcações desse tipo é que, no início, quando cada um começa a trilhar seu próprio caminho, todos ainda conseguem ver, tocar e ouvir o outro. Entretanto, à medida que seguem em sua trilha, vão perdendo rapidamente o contato físico, embora continuem se vendo e ouvindo. Um pouco mais à frente, já não conseguem mais se ver, apenas se ouvir. Mas em um algum momento uma montanha se ergue entre as pessoas, quanto então nem mesmo conseguem se ouvir. Diante disso, faço duas perguntas. Essas pessoas estão apenas tomando rumos diferentes para depois se encontrar do outro lado? Ou estão tomando rumos totalmente distintos para nunca mais voltar a se encontrar? No meu caso e dos meus sócios, ocorreram ambas as coisas.

O momento seminal ocorreu numa tarde de outubro — quando nos reunimos pela última vez como sócios —, na sala de estar de minha casa. Precisávamos analisar a alternativa que minha sócia então inativa havia proposto algumas semanas antes: vender a empresa e toda sua propriedade intelectual para alguém que quisesse fugir de Nova York após a tragédia de 11 de setembro. À primeira vista, era uma alternativa viável, mas eu tinha de pensar a respeito.

Nas duas semanas anteriores a essa reunião, eu havia decidido sair de circulação, como mencionei antes, para tentar identificar se alguma coisa poderia crescer naturalmente à minha volta se eu não conseguisse "fazer chover". Portanto, em vez de ficar correndo de um lado a outro, freneticamente, tentando como sempre gerar interesse pela empresa, resolvi sentar e meditar na casa de barcos do meu amigo. Precisava desesperadamente arejar a cabeça e ter lucidez suficiente para responder **a pergunta**.

A pergunta é uma ferramenta de autoavaliação e fixação de metas. Como mencionei no Capítulo 7, com ela consegui apaziguar minha mente com relação a uma questão de extrema importância: **como eu queria que a minha vida estivesse dali a cinco anos?** Portanto, fiquei ali sentado na doca, em completo silêncio, para tentar descobrir a resposta. Passei horas a fio, dias após dia, refletindo sobre um esboço de ideias e compilando, à parte, uma lista de atitudes favoráveis e não favoráveis.

Para dificultar ainda mais esse processo, eu estava praticamente na lona. Portanto, nos momentos em que não estava meditando na casa de barcos, estava trabalhando em algum projeto de consultoria casual. Esses bicos esporádicos me geraram alguma receita, para mim indispensável naquele momento, e até certo ponto me ajudaram a estabelecer um foco. Com isso, podia ganhar algum dinheiro e ao mesmo tempo tentar responder minha **pergunta**, e também testar minha lista de atitudes favoráveis e não favoráveis, como num teste de tornassol. Se a questão que eu estivesse analisando iluminasse meus sentidos, eu a colocava na coluna "favorável". Se não, ela ia para a coluna "desfavorável".

Esse procedimento me levou à inevitável decisão de **não** vender minha empresa, porque o que eu de fato queria fazer era pilotar empresas. Alguém pode até argumentar que perdi muito tempo para responder uma pergunta tão óbvia, mas o valor real disso foi identificar as mudanças que eu precisava fazer não apenas para colocar a empresa novamente nos trilhos, mas também para alimentar minhas paixões. O fato de ter estabelecido para mim mesmo o prazo de duas semanas também me ajudou porque me forçou a tomar uma decisão no dia anterior ao que eu me reuniria com meus dois sócios.

Logo no início da reunião, minha sócia inativa começou a elogiar nossa empresa, referindo-se às várias outras empresas que eu havia ajudado a pilotar ao longo dos anos com o processo que eu havia criado. Falamos sobre os diversos empreendedores que tiveram oportunidade de colher benefícios com os nossos serviços e lamentamos o fato, pois seria uma pena vender a empresa. Nesse exato momento dei um sorriso e disse: "Estou contente com o fato de vocês dois estarem de acordo, porque resolvi ficar com a empresa."

O que se seguiu não foi totalmente uma surpresa, mas quase. Minha sócia começou a fazer uma pregação sobre meus antigos pecados enquanto empresário e administrador (como eu havia dirigido minha primeira empresa) e disse que eu estava desperdiçando minha única oportunidade de sair do buraco em que me encontrava naquele momento. Esse golpe me fez ficar cambaleante. O que eu queria e mais esperava naquele momento de alguém a quem chamava de sócio era apoio, não de uma pancada na cabeça. Não havia dúvida de que ela já havia tomado a decisão de abrir mão da empresa, mas nesse caso eu pura e simplesmente não estava ouvindo minha razão.

Num gesto louvável, meu outro sócio não apimentou as críticas. Entretanto, explicou por que não participaria ativamente do restabelecimento da empresa. Era óbvio que ele estava totalmente voltado para os *turnarounds*. Dois clientes já ocupavam sua agenda em tempo integral. Embora sem dúvida admirasse sua postura e sinceridade, nunca havia me sentido tão sozinho. Eles eram meus sócios; um repreendia severamente minha incompetência e outro simplesmente dava seu sinal de despedida. Fiquei tão desconcertado que nem mesmo consegui ouvir o que eles estavam dizendo, e um sentimento angustiante me invadiu, não vendo a hora de que saíssem da minha casa.

O que percebi depois naquela mesma noite, além da ferroada que havia tomado um pouco antes com relação ao meu fracasso pessoal, é que eu também havia experimentado uma imensa epifania. Percebi que, na visão deles, a empresa nada mais era que uma máquina de fazer dinheiro. Um enxergava a empresa como um investimento passivo que algum dia renderia alguns dividendos; já o outro a havia usado como trampolim para se lançar em uma carreira em outra direção. Nenhum dos dois estava **errado** com relação à visão que tinham sobre a empresa; eles simplesmente não tinham o mesmo apego emocional que eu tinha.

Esse enfrentamento árduo mas extremamente importante me ensinou que, no frigir dos ovos, apenas uma pessoa acaba se envolvendo verdadeiramente com a visão da empresa, e essa pessoa é o fundador. As outras seguirão ao lado, desde que sejam atendidas e possam encaixar a empresa à sua agenda pessoal. Contudo, do ponto de vista moral, não há nada errado nessa realidade, mas escolhi um caminho um tanto penoso para aprender isso.

Depois que meus dois sócios finalmente partiram, fiz o que costumo fazer em circunstâncias frustrantes. Fico horas sentado no terraço procurando tirar daquilo o maior ensinamento possível e refletindo sobre meu futuro profissional — **sozinho**. Nessa ocasião, percebi que a saída de meus sócios me forçaria a confiar em minha própria visão e me deixaria livre para erguer minha empresa do jeito que quisesse. Não precisava mais da aprovação de ninguém e nunca mais deixaria outra pessoa alterar meus planos. O ditado milenar: **"No futuro, o que tiver de ser só depende de mim"** calou fundo na minha mente.

Quando o sol se escondeu, entrei em casa, já totalmente vazia, e me dei com um pequeno golpe do destino, que atingiria aquela noite como uma íngreme e sinuosa estrada montanhosa e viraria aquela noite de pernas para o ar. Sobre a mesa, ainda na sacola, encontrava-se o livro que eu havia comprado naquele mesmo dia sobre como criar uma empresa de consultoria de primeira classe. E foi aí que me sentei com uma grande taça de vinho e comecei minha leitura.

Capítulo após capítulo, à medida que o autor descrevia o que era preciso pensar e fazer, dizia para mim mesmo: "Olha, eu consegui isso... Olha, fiz isso também." Depois de um bocado de vinho, consegui finalizar o livro, e no percurso percebi que, surpreendentemente, tudo o que eu precisava **já estava a alcance das mãos**. Claro, era necessário dar uns retoques aqui e ali, mas em termos gerais estava preparado para pôr o pé na estrada. Com essa ideia em mente, dormi como um bebê (tenho certeza de que o vinho também ajudou). Acordei na manhã seguinte decidido e entusiasmado com as perspectivas. Eu estava pronto para agir.

Pare um pouco para pensar a respeito — não é sempre isso o que acontece? Quando diante de um grande obstáculo ou de um visível fracasso, a primeira coisa que fazemos é duvidar de nós mesmos e procurar outras pessoas que, na nossa opinião, têm mais conhecimento e são mais sábias do que nós. Mas será que **realmente** são? Precisava me lembrar de que a principal diferença entre mim e meus dois ex-sócios naquele momento era que eu era o único — como minha sócia disse tão francamente — que estava "no buraco". E o referencial deles, embora valioso, era somente deles e compreendia apenas **suas** experiências, medos e impulsos, fatores que não correspondiam mais aos meus.

Esse foi meu aprendizado! Esse desacordo entre mim e meus sócios foi um tombo que mereceu minha atenção; eu o utilizei para examinar meus apuros naquele momento de uma perspectiva diferente e a clareza que obtive foi inacreditável. Precisava me lembrar de que, no final, tudo o que havia ocorrido até aquele momento era uma experiência minha, só minha. Eles não tinham como ter uma ideia clara do que eu havia aprendido enquanto aguardava pacientemente uma resposta naquela doca. Pelo fato de ter me dado esse tempo, pude evitar que as opiniões deles me pusessem medo e me fizessem duvidar do caminho que havia escolhido. Eu tinha certeza de que aquele sempre havia sido **meu caminho** e de que nada havia a fazer senão prosseguir.

CAPÍTULO 9

Topando com a vida na encruzilhada

Já passava das sete horas, em uma manhã de 4 de julho. No momento em que saí do hotel Delaware nas montanhas do Colorado e montei em minha *Road King*, o ar gelado logo me deu boas-vindas. Aquele era o terceiro dia de um passeio de uma semana pelas estonteantes montanhas do Colorado, numa viagem para celebrar a vida. Não era uma viagem para comemorar nenhum marco nem para comemorar nenhum tipo de empreendimento comercial. Essa viagem era uma de minhas tentativas para superar os obstáculos daquele "chamado à realidade" que recebi havia menos de dois anos — quando um cirurgião conseguiu remover com sucesso meu rim esquerdo em decorrência de um câncer.

Bem, não há nada semelhante ao sentimento que experimentei quando o médico me olhou nos olhos e soltou aquela maldita palavra que começa com a letra C. Na verdade, de toda a nossa conversa, essa é a única coisa que me lembro de ouvi-lo falar, porque nos quinze minutos subsequentes não registrei mais nada. Lá fiquei, no verdor dos anos, encarando a mortalidade e pensando: "Merda, outra luta". Só que dessa vez era pela minha vida.

Disse antes que há dois tipos de motociclista no mundo: **aqueles que já aposentaram a moto e aqueles que ainda o farão**. Para mim, em todos os âmbitos da vida, isso tem soado como uma metáfora; já experimentei minha parcela de tombos e superei alguns obstáculos ao longo da minha jornada. Aprendi já com a tenra idade de 17 anos o que era levantar do chão e montar novamente na moto depois de topar com um *Ford 65*.

Esse acidente específico me forçou a passar todo o verão entre o penúltimo e o último ano do ensino secundário com um aparelho tracionador mecânico para corrigir alguns ossos quebrados.

E, obviamente, aprendi a mesma e árdua lição na vida profissional — mais de uma vez. Entre os conflitos que se seguiram ao 11 de setembro e a absoluta sensação de isolamento, embora breve, que senti quando meus sócios e eu tomamos rumos distintos, eu sabia o que era topar o chão com tudo. Mas tal como percebi quando voltei a montar em minha moto no último ano do secundário, nos negócios os tombos são um fato da vida. Qualquer empreendedor digno de respeito também já foi ao chão uma ou duas vezes em sua primeira escalada para o sucesso.

Entretanto, dessa vez, foi um tanto quanto diferente. Não era apenas um contratempo ou um acontecimento relativamente normal da vida que se supera com facilidade. Para mim, contrair câncer antes de me tornar um cinquentão foi o maior e mais hostil revés que já enfrentei, e isso provocou confusões de tudo quanto é tipo na minha cabeça. O problema do câncer me deixou totalmente cambaleante, e eu precisava recobrar meu equilíbrio de vida antes que sucumbisse para sempre.

Muitos dos sobreviventes de câncer com os quais conversei depois que recebi meu diagnóstico me aconselharam a não perder tempo e energia voltando para o passado para ficar perguntando o que e se faria alguma coisa novamente, visto que isso, além de irrelevante, estava além do meu controle. Se sobrevivesse, poderia enfrentar esses demônios do passado — e assim o fiz. Um dos sobreviventes que provocou um impacto particularmente profundo em mim era mais jovem do que eu e tinha família. Ele me disse que se preocupava mais com sua família do que com ele mesmo. Para ele, era fundamental não apenas curtir a presença deles todos os dias, mas lhes ensinar a **curti-lo** todos os dias. Ele havia me advertido — e posteriormente pude confirmar suas palavras por experiência própria — de que assim que nossos amigos e familiares ficam sabendo da doença eles começam a nos ver e tratar de maneira diferente. Alguns nunca mais lhe farão uma visita sem o receio de estar "interferindo", enquanto outros simplesmente têm medo de conviver com pessoas doentes.

Mas esse novo amigo me deixou claro que a reação das pessoas à minha volta dependeria da forma como **eu** agisse, e que minha postura e meus atos precisavam ser honestos e verdadeiros, e não inexpressivos. É por isso que, ao enfrentar uma doença, devemos inevitavelmente nos concentrar no aqui e agora dessa luta. Por sorte, isso não foi um empecilho para mim, pois minha vida estava repleta de altos e baixos. Portanto, do mesmo modo que reagi a tantos outros desafios anteriores da vida, procurei única e exclusivamente entender a doença e superá-la.

A mera palavra **câncer** invoca em mim todos os tipos de medo e memórias ruins, porque é uma doença com a qual minha família tem uma longa e infeliz história. Minha mãe morreu de câncer de cólon aos 58 anos, "ainda muito jovem para morrer", principalmente porque se recusou a ouvir seu corpo e tinha muito medo do que poderia ouvir se procurasse um médico. Infelizmente, no momento em que ela **de fato** procurou, a doença já havia progredido e chegado a um ponto em que não havia mais volta e nada era possível fazer, e ela faleceu seis meses depois do diagnóstico. Embora inacreditavelmente sofrida, com essa experiência percebi a importância do diagnóstico prematuro e da informação logo no início da doença. Por esse motivo, ao sentir ao longo de duas semanas sintomas de fadiga intensa, procurei meu médico e comecei a fazer uma bateria de exames que acabaram revelando um tumor maligno.

Assim que o diagnóstico foi confirmado, meu lado cerebral "empreendedor" entrou em ação. Logo no início da carreira, havia aprendido a sempre enfrentar um problema de olhos abertos e mente aberta — e foi isso o que fiz. Tinha sorte de viver em um tempo em que é possível acessar tantas informações com um único clique no *mouse*, e passava horas *on-line*, lendo várias dentre centenas de histórias de pessoas que haviam enfrentado esse desafio e conseguido sobreviver. Procurava informações sobre cuidados subsequentes ao tratamento e necessidades nutricionais para seguir adiante. Tinha a sorte também de ter um amigo médico, muito estimado; ele passou um tempo enorme traduzindo para mim o jargão médico com que me deparava diariamente, para conseguir compreender o que estava enfrentando.

Tenho satisfação em contar que, com a ajuda de um excelente cirurgião e de sua equipe médica, consegui sair dessa. Sem um rim, eu tinha um bom prognóstico; havia uma promessa de recuperação total, e o câncer, felizmente, estava cedendo. Tudo o que me restava era contornar o campo minado mental subsequente ao encontro com a morte.

Toscamente, o câncer me fez lembrar de que o tempo tem a peculiar característica de evaporar-se num átimo e que o longa-metragem que é minha vida poderia, a qualquer momento, ter um fim abrupto. Perguntas e mais perguntas pipocavam em minha mente e começaram a me angustiar. Quanto tempo ainda me resta antes do tiro seguinte? Será que ele vai me acertar? Será que minha vida está indo na direção certa? O que devo fazer agora e por quê? Será que tudo isso vale a pena? Devo me apressar ou continuar tocando minha vida como antes? Droga, será que **realmente** sei o que é felicidade?

Perguntas boas — todas elas —, porque, afinal de contas, viver consiste em curtir o percurso. Portanto, era crucial encontrar as respostas. Dessa vez tive sorte de fugir da fase final, mas todos nós sabemos que a vida é passageira. Eu não estava necessariamente perto do fim do filme da minha vida, mas esse incidente me mostrou que os créditos finais desse filme estavam sem dúvida aguardando na fila.

Em outras palavras, eu me encontrava no cruzamento entre a vida pessoal e profissional. Precisava desesperadamente me levantar do chão mais uma vez e me restabelecer mentalmente. Precisava mais do que depressa me concentrar novamente nas minhas paixões e descobrir que direção de fato queria seguir na vida. Eu tinha de colocar meus trecos em ordem e me aprumar porque certamente meu tempo para atacar de novo estava se esgotando.

Fiquei pensando em como poderia fazer isso e na verdade acabei usando um conselho que eu mesmo costumava dar aos meus clientes que se encontravam em encruzilhadas semelhantes. Comecei a chamá-los de **geração seguinte** (geração do milênio). Esses empreendedores e empresários experientes e qualificados atingiram um grau de sucesso na vida profissional, são ainda relativamente jovens e no momento se encontram no topo da montanha olhando para baixo e perguntando: **"E agora, o que vem sem seguida?"**.

Essa posição é ardilosa, porque, até então, esses indivíduos tinham bastante clareza com relação às suas metas e à sua visão. Eles conseguiram ultrapassar a linha de chegada que estabeleceram para si mesmos quando começaram e agora precisam estabelecer algumas novas. Para lidar com isso, creiam-me, cada um precisará de um bom tempo em silêncio para organizar os seus pensamentos, e isso normalmente exige que você tire mais tempo de folga no trabalho.

Porém, para mim e para a maioria dos empreendedores, tirar férias costumava ser uma coisa do outro mundo. Ficar algum tempo realmente longe da empresa sempre foi algo que eu achava que **algum dia** conseguiria fazer, embora esse dia tenha chegado de uma maneira não tão sutil. E essa busca pela alma não era algo que eu pudesse fazer em um fim de semana prolongado ou nas semanas de folga de quarta a quarta que costumava tirar. Não, era necessário um bom tempo e, naturalmente, deveria envolver uma grande viagem.

Eu sempre pegava a moto quando precisava arejar a cabeça para pensar seriamente sobre algo, porque andar de moto é o tempo que fico em silêncio, é o meu refúgio par meditação, o oásis que procuro para refletir. Eu não consigo pensar em muitas coisas ao mesmo tempo quando estou na moto, simplesmente porque preciso prestar atenção na estrada. A princípio, meus sentidos sempre estão totalmente voltados para aquele momento — até que consigo pegar o ritmo e entrar em alguma estrada remota de difícil acesso onde haja apenas eu, o vento, passarinhos e odores.

Mas dessa vez eu precisava deixar a paisagem rural da Flórida e da costa leste que já conhecia bem e pegar uma estrada do país em que pudesse me perder totalmente para encontrar meu verdadeiro caminho. Não sei bem por quê, mas o primeiro lugar que me veio à mente foi o Colorado. Provavelmente porque sempre amei as montanhas. Esquiei durante vários anos, mas nunca havia percorrido as montanhas de moto. Por isso, depois de fazer algumas pesquisas, escolhi fazer o High Road Tour. Guiados por um admirável casal, os participantes passam a semana indo de um vilarejo a outro nas montanhas e nunca dormem duas vezes no mesmo lugar. Além do prazer de não ter nenhuma rotina na semana, tive de fato sorte em ser o único motociclista no circuito. Aquela semana se tornou então perfeita, visto que o contato humano era mínimo e podia curtir a solidão de que tanto necessitava tanto fora quanto montado na moto.

E lá estava eu, montado e pronto para deixar Leadville, uma cidadezinha superbacana de extração de minérios onde eu havia passado a noite. Fica no alto de uma montanha. É a cidade incorporada mais alta dos EUA, apelidada de Cloud City (Cidade das Nuvens), porque está a aproximadamente 3.200m acima do nível do mar. O pôr do sol era um espetáculo de tirar o fôlego; vi o céu ficar vermelho-púrpura quando as nuvens subiram para esconder o sol e os picos cobertos de neve distantes no horizonte. Terra de Deus, devo admitir.

Leadville no final se revelou minha cidade favorita ao longo da semana, por sua história e personalidade. Pouca coisa mudou na cidade e em sua arquitetura desde que foi fundada em 1877. No seu apogeu, Leadville hospedou personalidades célebres, como Doc Holliday, Buffalo Bill e até mesmo Oscar Wilde, o que logo me permitiu dar um salto mental, fazendo de conta que havia voltado no tempo, agora montado em um cavalo de carne e osso, e não no cavalo de aço sob minhas pernas. Assim que ganhei alguma prática, eu e meu guia, Tom, pegamos um caminho sinuoso que acabaria naquela tarde em uma cidade chamada Steamboat Springs.

Do mesmo modo que o sol dissipava a névoa da manhã, cada dia de passeio consumia docilmente as distrações que rodeavam minha mente. Enquanto serpenteávamos as ruas ainda vazias contornadas pelas bandeirolas vermelhas, brancas e azuis que aguardavam os grupos que chegariam mais tarde naquele mesmo dia, não mais me sentia culpado por ter deixado os negócios para trás. O passeio já estava produzindo resultados, pois as paisagens, os odores e os sons da zona rural do Colorado me relaxaram e arejaram minha mente.

E a aproximadamente 3km além da cidade, alcançamos o topo de uma montanha, a mais ou menos 3.350m, onde literalmente **transpus uma nuvem**! Era minha primeira vez, e o ar úmido e fresco da montanha me fez soltar uma lágrima e sentir um calafrio na espinha, me acalentando com um momento de intensa clareza. Era como se o universo tivesse me dado esse imenso abraço, uma experiência de ruptura possível só mesmo pilotando uma moto. Você até pode vê-la se estiver no banco da frente de um carro, mas montado em uma moto você pode *senti-la*.

Assim que atravessei a nuvem, alcançando novamente a clara luz do sol, parei e desci da moto para olhar para baixo por entre as nuvens e tirar uma foto daquela imagem e da encosta da montanha. Depois, fiquei ali sentado, assimilando aquela vista inacreditável, e comecei a sentir como se a nuvem tivesse me despido de todas as conexões com a vida e instantaneamente varrido minha memória. Fui forçado a enxergar além das minhas necessidades cotidianas para alcançar e examinar minha vida como um todo. Na época, eu já sabia que essa viagem não seria apenas para descobrir a nova rota que eu tomaria. Na verdade, essa nova encruzilhada a que eu havia chegado estava me forçando a questionar todo o meu sentido e propósito na vida.

Percebi que, em algum momento ao longo do caminho, minha perspectiva sobre o motivo por que eu faço o que faço havia se perdido. Mais ou menos uma década e meia antes, eu havia criado meu próprio negócio para controlar as rédeas do meu destino e conseguir o estilo de vida com o qual eu havia sonhado. Mas de algum modo a empresa começou a ter controle sobre **mim**. É verdade, do ponto de vista do que é básico para a vida, eu havia conseguido segurança e um nível de sucesso razoável, mas e daí? Como eu poderia garantir que, ao prosseguir, eu não fizesse apenas o que eu **tinha** de fazer, mas fizesse também o que eu **queria** fazer?

No princípio era bem mais fácil perceber essas coisas. Minha missão era bem mais básica naqueles tempos; consistia simplesmente em conseguir sobreviver mais um dia e em crescer. Minha absoluta paixão e minha postura de **"faça tudo o que for preciso"** abasteceram minhas inexoráveis aspirações durante anos. Entretanto, naquele momento, eu estava diante de um despertar para a vida que exigia um enfoque diferente. Minhas circunstâncias de vida haviam mudado drasticamente, e fazer minha empresa crescer não era mais minha maior motivação na vida — era simplesmente **viver** a vida, isso é o que era!

O problema é que, ao longo dos anos, à medida que minha empresa cresceu e eu comecei a prosperar financeiramente, pouco a pouco fui aceitando que minhas necessidades pessoais e meus desejos ficariam em segundo plano. Continuei olhando dia a dia para aquilo que a empresa precisava, e estava mais preocupado com o rumo da dela do que com o meu. Para mim, o sucesso dependia da capacidade de canalizar e direcionar minha paixão. Era fácil me manter focado na empresa; era ali que minhas paixões estavam. Portanto, tal como a maioria dos empreendedores, achava mais fácil me concentrar no sucesso da empresa do que em meu sucesso pessoal, porque tentar ambos havia ficado muito complicado.

Droga, se me perguntasse em que posição minha empresa precisa estar daqui a cinco anos, eu responderia sem um minuto sequer de hesitação. Contudo, se me perguntasse em que posição eu desejo que **minha vida** esteja daqui a cinco anos, eu mal conseguiria responder. E depois de todos esses anos na empresa, esse é um lugar um tanto sórdido para estar. Eu havia permitido que as necessidades da empresa conduzissem minha vida pessoal por tempo demais. "E agora, o que há para viver?" Estava na hora de responder a essa pergunta e de redefinir meus sonhos. Era o momento de voltar o olhar para o meu estilo de vida.

Para isso, precisava parar, identificar e confirmar minhas metas pessoais, porque o rumo que eu estava tomando talvez não fosse o certo. O que **realmente** me aborreceu foi o momento em que tive uma autopercepção assombrosamente nítida logo depois de transpor aquela maldita nuvem. De repente e sem meios-termos lembrei-me de que eu havia caído na mesma armadilha que ajudava diariamente meus clientes a sair. Todos os dias, via os mesmos sinais de advertência nos outros e os ajudava a superar os obstáculos, embora fosse capaz de deixar escapar totalmente esses mesmos sinais em minha própria vida. Na verdade, pensando naquele maldito clichê do mecânico especializado em motocicletas cuja moto é sempre a última a ser consertada, eu havia me tornado o próprio.

Subsequentemente, ali naquele mesmo lugar, decidi passar o resto da viagem aplicando em minha própria vida os instrumentos e processos que havia aperfeiçoado ao longo dos anos ajudando outras pessoas a lidar e a encontrar saídas para os problemas. E, em resumo, é disso que este livro trata. É um guia que lhe ensina a olhar no espelho e a fazer algumas perguntas extremamente difíceis — uma, especificamente, é o tópico do capítulo seguinte. Assim que você conseguir responder **a pergunta**, examinarei em mais detalhes de que forma é possível aplicar diretamente o processo que criei para identificar **"quem"**, **"o que"** e **"como"**, fatores necessários para chegar lá. Esse processo não tem a ver somente com nem se destina apenas aos motociclistas.

Nesse livro busco expor as lições que **eu mesmo** aprendi ao transpor as bifurcações entre a vida pessoal e profissional com as quais milhares de empreendedores se deparam todos os dias.

E assim como qualquer outra viagem de longo percurso, para iniciá-la, é preciso erguer o estribo e mudar de marcha. Portanto, sele seu **cavalo de aço** e vamos cavalgar.

CAPÍTULO 10

Encontrando a resposta

À primeira vista, **a pergunta** parece suficientemente simples, mas na verdade está sempre carregada de incerteza, visto que a estrada é vasta e obscura. Ao fazer essa pergunta pela primeira vez aos meus clientes, sua reação imediata em geral é um olhar vazio seguido de um "Não sei... Mal posso enxergar além do mês seguinte, caramba!". A pergunta é um tanto quanto injusta. É praticamente impossível responder a essa indagação imediatamente sem refletir por algum tempo sobre o futuro. Mas o problema é sempre saber fazer isso apropriadamente.

O engraçado é que, embora eu tenha utilizado essa ferramenta para assessorar meus clientes ao longo dos anos, nunca realmente utilizei para mim mesmo — isto é, pelo menos até aquela fase pós-11 de setembro de 2001. Quando finalmente enfrentei **a pergunta**, lutei com unhas e dentes. Foi naquele momento que criei **o questionário** (que detalho neste capítulo) com a ajuda de meus clientes. Esse levantamento simples, de quatro páginas, primeiro me ajudou a compreender em que posição eu me encontrava no presente e também a avaliar aonde eu de fato queria estar no futuro. Esse exercício me levou a refletir acerca de minha empresa e ao mesmo tempo sobre minha vida pessoal, de modo que eu pudesse identificar mais eficazmente os conflitos e dilemas que precisava enfrentar para tocar o barco para a frente.

Para lidar devidamente com as perguntas, tive de gastar meu doce e precioso tempo, porque não se tratava de um simples dever de casa — tinha a ver com o meu futuro. Precisava me dedicar uma ou duas horas seguidas para que minhas ideias fluíssem melhor. E que melhor lugar para fazer isso do que no dorso da minha moto e atravessando o Colorado? Não demorei muito para começar a ponderar sobre as perguntas mais importantes, e com a ajuda do meu fiel gravador digital, registrava minhas respostas toda vez que parava para descansar ou abastecer a moto.

Parte 1: Visão sobre a vida pessoal no presente

Sempre recomendo que as pessoas iniciem pela vida pessoal porque é a parte que, surpreendentemente, tende a exigir maior tempo de reflexão. Somos empreendedores e, como tais, estamos programados a pensar principalmente nos empreendimentos. Portanto, se você colocar em primeiro lugar seus interesses pessoais, transmitirá uma mensagem subliminar ao seu cérebro de que agora as coisas serão diferentes. Além disso, se você deixar sua vida profissional ofuscar seu raciocínio, bloqueará inadvertidamente metas de vida importantes.

Visão Pessoal

Presente

Minhas formas prediletas de passar o tempo:
_____
_____
_____
_____
_____
_____

As pessoas mais importantes na minha vida:
_____
_____
_____
_____
_____

Melhores experiências de vida (físicas, mentais, espirituais e sociais):
_____
_____
_____
_____
_____

Meus maiores "sucessos" e conquistas:
_____
_____
_____
_____
_____

Meus maiores desafios:
_____
_____
_____
_____
_____

Portanto, a primeira pergunta que me fiz foi: **quais são minhas formas prediletas de passar o tempo?**

Para mim, era uma pergunta difícil, porque eu gosto de fazer **muitas** coisas! Obviamente, eu precisava estreitar ao máximo essa lista às minhas atividades **favoritas**. Portanto, minha lista incluía coisas como passar tempo com minha família, andar de moto, cozinhar, receber meus amigos, ler e fumar um ótimo charuto. Aqui é muito fácil misturar a vida pessoal e profissional. Por isso, lembre-se, essa parte é estritamente pessoal. Você chegará ao profissional mais à frente.

A próxima pergunta a que me dediquei foi: **quem são as pessoas mais importantes na minha vida?**

A ideia por trás dessa pergunta é simples; são pessoas que têm grande influência em sua vida, tanto no presente quanto no futuro. Qualquer decisão que você tome em relação ao futuro com certeza também as afetará.

Além disso, poucas pessoas nos acompanham pela vida afora. Minha própria história é repleta de pessoas bacanas que entraram e saíram da minha vida. Como todos nós tomamos certos atalhos na vida, é fundamental reconhecermos o quanto antes onde nossos caminhos começam a se bifurcar. Assim, não contaremos com uma determinada pessoa em um momento em que ela não possa mais nos atender. Além do mais, é sempre interessante observar quem está à altura naquele momento, quem não está e por quê.

O segredo aqui é não levar o porquê de tudo isso para o lado pessoal e não deixar que isso o incomode, como eu mesmo fiz durante anos. Aliás, separar-se de algumas pessoas é sofrido, mas aprendi com o passar do tempo que o problema não é quem se afasta de quem. Se você se fixar no rompimento em si, não aprenderá a lição e não perceberá o motivo por que na verdade você e tal pessoa estavam juntas. Em outras palavras, nenhuma viagem dura para sempre. Por isso, curta e vivencie com as pessoas à sua volta enquanto as coisas estão acontecendo.

Meu próximo passo foi refletir sobre as **minhas melhores experiências de aprendizagem**.

Levei em conta minhas experiências físicas, mentais, espirituais e sociais. Relacionei as lições que aprendi no dorso da moto (obviamente), o que aprendi a respeito de mim mesmo com a cirurgia e o despertar espiritual decorrente disso e assim por diante. No meu caso, sempre que elaboro essa lista, experimento um ou dois momentos de lampejo. Normalmente me lembro de uma coisa da qual me esquivei muito tempo atrás, mas isso é extremamente importante na conformação do que sou hoje.

Em seguida, saltei logo para os **meus maiores sucessos e conquistas**.

Sempre gosto de dar essa envernizada no ego, porque esse não é o momento de ser modesto. Eu listo todos e sorrio quando olho para trás e vejo as coisas boas que já fiz. De vez em quando, é importante parar e **orgulhar-se de você mesmo**.

E para evitar que isso me subisse à cabeça, mais do que depressa equilibrei meus pensamentos para só então começar a identificar **meus maiores desafios**.

Embora eu tenha usado aqui a palavra **desafio**, me refiro na verdade a confusões, erros e àquelas trapalhadas das grossas que cometemos na vida. Relacionei todos e fiz o possível para não entrar em pânico, o tempo todo me lembrando de que são apenas aprendizados da vida e devem ser encarados dessa forma. Ainda bem que essa lista não ficou mais extensa do que minha lista de conquistas. Se esse tivesse sido o caso, não teria sido muito agradável.

Parte 2: Visão sobre a vida pessoal no futuro

Em seguida, comecei a refletir sobre o meu futuro enquanto pessoa. Em outras palavras, era o momento de sonhar com todas as outras coisas que sempre quis fazer, mas não havia conseguido. Era o momento de priorizá-las. E o grupo de questões a seguir me ajudou a descobrir como.

Visão Pessoal
Futuro

Um dia eu gostaria:
_____
_____
_____
_____
_____
_____

Pessoas que gostaria de conhecer:
_____
_____
_____
_____
_____
_____

Novas experiências de aprendizagem (físicas, mentais, espirituais e sociais):

_____
_____
_____
_____
_____
_____

Conquistas futuras:

_____
_____
_____
_____
_____
_____

Desafios futuros:

_____
_____
_____
_____
_____
_____
_____
_____

A primeira questão que considerei foi: **um dia eu gostaria de** _____.

As respostas a essa questão fluíram facilmente; eu tinha uma lista imensa de coisas que eu queria fazer na vida. Queria viajar de moto pelos EUA, pelo Canadá, pela Europa e pela Austrália. Intercalar com isso algumas esquiadas, passear de barco com os amigos e frequentar alguns bons festivais de _blues_ e exposições de arte, mas isso era só o começo. Não quero incomodá-lo com mais detalhes, mas você entendeu o que quero dizer. Não importa o quanto suas metas lhe pareçam impossíveis; relacione-as mesmo assim. O que você deseja fazer deve estar na lista.

Achei a questão seguinte interessante: **pessoas que gostaria de conhecer**.

Na verdade, era simplesmente uma oportunidade de relacionar pessoas que eu gostaria de conhecer melhor e que eu acreditava que enriqueceria minha vida. Eu realmente levei a sério aquela teoria dos "seis graus de separação" e me imaginei fazendo ponto nos bastidores com o ZZ Top ou viajando de motocicleta com pessoas realmente bacanas como Bob Parsons, diretor executivo da GoDaddy.Com, e Phil Jackson, treinador do Lakers. O curioso é que, independentemente da criatividade que possa ter ao elaborar essa lista, em geral consigo concretizá-la. E acredite-me, você também conseguirá.

Em viagens recentes, conheci Tom Peters, matei tempo com Dan Aykroyd em um festival de *blues* canadense e viajei de moto com pessoas do calibre de John Paul DeJoria e Bob Parsons. Alguns encontros foram programados, mas outros ocorreram por acaso. Em ambos os casos, você precisa primeiro dar as caras nos lugares e agarrar a oportunidade quando ela se apresentar.

A terceira questão da lista tinha a ver com **novas experiências de aprendizagem**.

Um dos segredos do meu sucesso é que sempre fui um aprendiz inveterado. Portanto, nessa parte fui capaz de me concentrar em minha evolução global. Levei em conta algumas áreas que desejava aperfeiçoar e refleti sobre novas cosais que queria descobrir. Considerei fatores como peso e saúde geral, novas conferências que gostaria de participar ou aulas que queria tomar. Pensei também em novas ideias sobre espiritualidade que eu gostaria de correr atrás.

Isso me levou à lista das minhas **conquistas futuras**.

Esse era o momento de fixar metas e de ser agressivo, no sentido de determinar o que eu queria realizar no futuro. Aqui, é bom lembrar que você não deve se limitar em relação à questão do tempo. Lembre-se, relacione as coisas que você deseja fazer de acordo com o contexto dos próximos cinco anos. Bom, então lá fui eu. Relacionei o máximo de objetivos que imaginei possíveis. Afinal de contas, é sempre melhor atirar em dez coisas e acertar oito do que mirar seis e acertar três.

Minha última pendência na seção pessoal era identificar **meus desafios futuros**.

Identifiquei rapidamente os desafios já conhecidos, como reformas em casa e necessidades da minha família, e tentei prever quando eu precisaria lidar com tudo isso. Ao fazer o levantamento de seus desafios, inclua tudo o que você achar que possa fazê-lo mudar seu foco nos próximos cinco anos. Eu sei que é impossível enxergar todos os possíveis desafios que nos aguardam no futuro. Porém, se aprendi alguma coisa na vida foi que todos nós teremos desafios a vencer — e é bom estarmos preparados.

Refletir sobre essas questões pessoais não me desviou nem um pouco da paisagem das montanhas. No mínimo, o incrível pano de fundo formado por aqueles prados elevados e pastos amplamente abertos foi suficiente para manter minha mente tanto quanto aberta. Estava satisfeito com o que havia conseguido ao longo do caminho. Por experiência, sabia que, se deixasse algo passar, bastaria acrescentá-lo no momento em que fosse transpor para o papel as ideias que eu havia registrado em meu gravador digital. E caso tivesse incluído coisas sem sentido, bastaria omiti-las. O bom mesmo é que a ideia principal estava formada e registrada.

Em seguida, seria o momento de pensar sobre meus empreendimentos profissionais, mas antes disso resolvi simplesmente deixar minha mente vagar. Acho que tentar responder a todas as questões do questionário numa sentada só é contraprodutivo. Por isso, deixei isso de lado até segunda ordem e fiquei apenas admirando a paisagem no restante do trajeto até Steamboat. Afinal de contas, era 4 de julho, uma data digna de celebração.

O bom foi que não deixei as perguntas me desfocarem, pois a rota que pegamos nessa etapa da viagem era particularmente espetacular. Cruzamos o divisor de águas continental no Tennessee Pass e depois visitamos Camp Hale, onde a 10ª Divisão de Montanha — as tropas de esqui — foi treinada durante a Segunda Guerra Mundial. Em seguida, rodamos pelo Vail Pass até Dillon, passando pela cidade de Kremmling, e depois o Gore Pass.

Naquela noite assistimos a um fantástico espetáculo de fogos de artifício e saboreamos uma ótima comida e uma cerveja bem gelada. E após uma boa noite de sono, acordei no horário habitual da costa leste; o sol ainda não havia despontado nas montanhas. Preparei uma xícara de café e me sentei na varanda para curtir o ar fresco e revigorante e a paisagem das montanhas. Assim que comecei a passar *e-mails* para alguns amigos, comecei a ouvir um som parecido com a aceleração de um propulsor. Eram dois balões de ar quente acordando para a vida. Um deles, listrado de verde, azul, dourado e vermelho, continha o *slogan Wild West* [Velho Oeste] estampada, já o outro, listrado de verde, roxo, dourado e vermelho, continha um imenso símbolo do Batman. Fiquei ali pensando como seria bacana dar uma volta em um desses balões e lamentei por não ter sabido antes dessa possibilidade, porque teria sido demais poder curtir a vista lá de cima.

Entretanto, minha perspectiva privilegiada sobre a moto até aquele momento também não havia sido tão ruim; nessa viagem pelas montanhas tudo foi impressionante. Foi uma viagem gloriosa. De vez em quando, passávamos por estradas secundárias tão desertas que a única coisa que víamos depois de percorrer quilômetros e quilômetros eram alces e gazelas. Por isso, ao final de cada dia, esperava ansiosamente para curtir o trajeto do dia seguinte.

Depois de um preguiçoso café da manhã, fizemos as malas e pegamos a Highway 40 sentido sul, atravessamos o Rabbit Ears Pass a 2.800m e novamente cruzamos o divisor de águas continental. Em seguida, rumamos para Walden, a nordeste. Cruzamos com mais um casal de alces na subida para Cameron Pass e depois voltamos a Walden para almoçar num restaurante bacana, como não poderia deixar de ser, com esgalhos espalhados para todo lado.

Após o almoço, voltei minha atenção para o lado profissional, enquanto atravessávamos pela segunda vez o divisor de águas continental no Willow Creek Pass, a caminho de Granby, e depois de algum tempo o Fraser River Valley. Percebi que era o momento de responder as perguntas sobre o lado profissional do mesmo modo que havia tão refletidamente respondido sobre minha vida pessoal.

Parte 3: Visão sobre a vida profissional no presente

A primeira coisa que fiz foi refletir sobre minha situação presente. Isso me serviria de parâmetro, e eu precisava para estabelecer esse parâmetro para seguir uma nova direção.

Visão Profissional
Presente

Minha função:
_____
_____
_____
_____
_____

O que eu gosto em minha função:

Pessoas/cargos importantes:

Experiências de aprendizagem mais importantes:

Maiores conquistas:

Diante disso, avaliei em primeiro lugar **minha função atual**.

Era mais do que óbvio para mim que eu tinha mais do que apenas uma função; relacionei tudo o que era exigido de mim naquele momento na minha empresa. Eu era presidente, "piloto", *coach*, mentor, consultor confiável, auxiliar de contas a pagar, profissional de *marketing* e vendedor. Como você pode ver pela minha lista, minha empresa é pequena e me visto de muitos papéis, mas isso é bem comum na maioria das organizações empreendedoras. Já vi funções como porteiro, assistente de manutenção e coisas do tipo quando ajudei meus clientes a elaborar essa lista. Não se preocupe se você se esquecer de nomear todas elas. Você pode acrescentá-las quando quer que desejar.

Em seguida veio a parte divertida: **o que eu gosto em minha função**.

Dividi a lista que havia acabado de elaborar, mas não inventei nada. Quer dizer, não fingi gostar daquilo que considerava indesejável. Por exemplo, eu **detestava** pagar contas. Então, nesse caso, não mencionei nada a respeito. Entretanto, adorava tudo o que tivesse a ver com pilotagem. Por isso, criei uma grande lista sobre isso. Nesse momento, é importante ser fiel às suas emoções e o máximo possível honesto, com relação ao motivo pelo qual você gosta de uma determinada função. Você precisa colocar todas as cartas na mesa.

Em seguida, analisei a empresa como um todo para relacionar **pessoas e cargos importantes**.

Que pessoas desempenham um papel crucial na empresa? Como eu estava envolvido com vários empreendimentos diferentes, registrei nessa parte da lista inúmeros recursos externos e parceiros estratégicos: artista gráfico, gráfica, contador e outros. Para determinar quem era vital, me perguntei quais pessoas **menos** eu gostaria de perder e quais cargos eu **não** gostaria de ficar sem.

Só uma dica: você pode se deparar com um problema se houver um cargo importante na lista e a pessoa que ocupa cargo não aparecer em sua lista de pessoas importantes. Isso certamente lhe fará parar para pensar!

Nesse momento, dirigi minha atenção para as **minhas experiências de aprendizagem mais importantes**.

Do mesmo modo que procedi com o lado pessoal da minha vida, lembrei-me dos momentos —tanto bons quanto ruins — que me transmitiram os ensinamentos que haviam me levado à situação presente. Relacionei conferências, aulas, meu orientador profissional e, claro, aquelas difíceis lições que nos faz "quebrar a cara no chão", embora pensar sobre isso nem sempre fosse prazeroso.

Em seguida, porém, compensei esses aprendizados difíceis com a lista subsequente: **minhas maiores conquistas**.

Clientes que eu havia conseguido, os empreendimentos que eu havia lançado, os artigos que havia publicado e as palestras que havia ministrado, bem como as organizações comunitárias que havia ajudado ao longo do caminho, tudo isso fazia parte da lista. Acrescentei também outras coisas, como orientar um funcionário ou ganhar um prêmio. Como mencionei antes, lustrar o próprio ego é algo que eu, e a maioria das outras pessoas, raramente fazemos. Portanto, faz bem reconhecer e aplaudir seus próprios esforços de vez em quando.

Parte 4: Visão sobre a vida profissional no futuro

Tendo já registrado os dados de referência dos segmentos fundamentais da minha empresa, era novamente o momento de fixar metas. Como na seção pessoal do questionário, desmembrei os segmentos que mais me afetavam. Afinal de contas, eu devo estar em primeiro lugar, não é mesmo?

Visão Profissional
Futuro

Minha função:
_____
_____
_____
_____
_____
_____
_____

Fatores a serem mudados em minha função:
_____
_____
_____
_____
_____
_____
_____
_____

Pessoas/cargos importantes:
_____
_____
_____
_____
_____

Novas oportunidades de crescimento:
_____
_____
_____
_____
_____
_____

Conquistas futuras:
_____
_____
_____
_____
_____
_____

Diante disso, comecei a projetar **minha função futura**.

O que eu estaria fazendo na empresa dali a cinco anos? Será que continuaria sendo o principal vendedor ou a pessoa responsável por pagar as contas? (Deus, espero que não!) Como imaginei, havia algumas funções e responsabilidades (como pagar as contas) que gostaria de eliminar e outras que gostaria de assumir ou dar continuidade (como escrever e publicar, dar palestras e capitanear viagens de moto — e o que mais fosse possível).

E você? O que você gostaria de estar fazendo daqui a cinco anos? Lembre-se de que, daqui a cinco anos, você não precisa necessariamente estar na empresa em que se encontra hoje.

Trabalhei com muitos empreendedores cuja meta era se afastar da empresa nesse ínterim. Seja lá o que for, seja honesto consigo mesmo em relação a isso, porque o que você descrever aqui influenciará em grande medida a direção futura de sua empresa. Afetará também a composição de sua empresa, o que nos leva para a questão seguinte.

Eu precisava levar em conta **os fatores que eu gostaria de mudar**.

Eu tinha duas opções para isso — agir com segurança e cautela ou ser realmente criativo e pagar para ver. Como minha visão pessoal ainda estava rondando minha mente, decidi me esforçar ao máximo e comecei a relacionar transformações drásticas na empresa, mudanças como reduzir o número de clientes de consultoria locais de treze para quatro, o que portanto me daria mais tempo para ampliar minha presença em nível nacional. Queria também transformá-la em uma empresa virtual, o que me daria mobilidade em todos os sentidos. Isso me ajudaria a atingir outra meta: passar a maior parte do tempo no lombo da moto.

Gostaria também de manter uma quantidade mínima de funcionários e passar mais tempo transferindo conhecimentos e conversando com grupos de empreendedores, em vez de conduzir sessões de consultoria. Percebi que poderia exercer uma influência maior sobre os empreendedores se trabalhasse coletivamente com um grande grupo em uma sala, durante três dias, do que se trabalhasse com uma empresa por vez. Obviamente, passaríamos metade do dia curtindo algumas paisagens rurais bacanas, mas isso eu faria com o pé nas costas, pois realmente estava sendo atraído para esse lado meu de ensinar.

Aqui, você deve se lembrar de ser fiel ao seu mercado ou, como um antigo cliente meu gosta de dizer: "Se você faz hambúrgueres, não comece a vender cachorro-quente." Continue trabalhando em sua especialidade e aperfeiçoando as habilidades que você precisa para fazer o que já faz bem. Era essencial integrar minha visão de futuro em relação à empresa com meu promissor programa de *workshops* e aproveitar a experiência que eu havia obtido liderando e aconselhando empreendedores — do contrário, eu estaria completamente errado. Contudo, ainda assim seria uma mudança radical para a minha empresa. Por isso, precisava dar uma espiada no futuro.

Era chegado o momento de avaliar a possibilidade de **mudar pessoas e cargos importantes**.

Caramba, é aqui que entram as mudanças difíceis. Nesse momento, você precisa examinar sua empresa clinicamente, eu diria — não friamente, mas de uma maneira sistemática e quantificável. Afinal de contas, você acabou de conceber mudanças em sua função e na empresa, e isso naturalmente provocará alguma alteração em seu quadro de funcionários. Ao realizar essas mudanças, primeiro você precisa examinar *cargos* e responsabilidades. Desse modo, não cairá na armadilha de colocar segmentos essenciais da empresa em torno das necessidades ou dos desejos de uma única pessoa. Afinal, só existe uma pessoa que pode se dar a esse luxo, e essa pessoa é **você**!

Portanto, para começar, antes mesmo de pensar em eliminar algum cargo, se fosse o caso, determinei quais novos cargos seriam necessários, como planejador de reuniões, agendador de tarefas, agente literário, agente de relações públicas e assim por diante. Em seguida, lutei contra o ímpeto de dar uma comparada de leve entre os cargos atuais que corriam risco e os novos, para ver se havia possibilidade de associá-los. Era um passo escorregadio que não precisava dar naquele momento; voltaria a ele em uma fase posterior do processo. Mas isso sem dúvida estava gravado fundo na minha mente, pois o que tornou essa seção tão difícil foram as pessoas envolvidas. Todos os membros da minha equipe significavam muito para mim, e eu estava fazendo o que podia para salvar o emprego dessas pessoas.

Desse modo, depois dessa orgia mental, era o momento de ficar um pouco mais otimista e avaliar novas oportunidades de crescimento.

Não há nada mais divertido para um empreendedor do que visionar e perseguir novos mercados. Isso está gravado no nosso DNA. Por isso, detalhei isso. Comecei a esboçar minhas ideias sobre um Retiro sobre Rodas, turnês de livro (*book tours*) e consultorias, tudo em nível nacional. Eram empreendimentos consideráveis, mas, escuta, tratava-se de um tipo de desafio pelo qual qualquer empreendedor daria a vida — e eu estava pagando para ver. Afinal de contas, eu estava no auge da carreira, tinha uma saúde de touro (mesmo com um órgão faltando) e tinha energia de sobra.

Pense nisso, são tipos de desafio que você passou toda a sua vida profissional se preparando para enfrentar. Esse não é de forma alguma o momento de pensar pequeno. Quando você chegar a esse ponto, seja realista e centrado, mas **pense grande**! Porque, como me disse um dia meu primeiro gerente de vendas, "Ninguém jamais quer acordar aos 65 anos de idade, olhar para o espelho e dizer 'Quisera eu ter...'". Não, de jeito nenhum!

Isso me conduziu para o raciocínio final do dia: **conquistas futuras**.

Muito bem, cheguei à conclusão do lugar para onde deveria ir, portanto o que eu faria no caminho até lá? Relacionei minhas conquistas futuras: meu livro estaria na lista de livros mais vendidos do *The New York Times* (um tanto presunçoso, eu sei), patrocínio da turnê do meu livro por um importante fabricante de motocicletas, palestras para centenas de pessoas sobre meu processo de pilotagem e uma viagem com alguns dos diretores executivos e empreendedores mais admirados do planeta. Minha lista é um pouco maior, mas já deu para você captar a ideia.

Agora não é momento para insegurança, e se você for como eu, terá de lutar contra a sensação de que tudo isso não passa de um castelo de areia. Foi aí que ficou um tanto fácil duvidar de mim mesmo, principalmente depois de tudo o que havia passado. Afinal de contas, quem era eu para sonhar tão alto? Porém, uma formidável citação, que me acompanha por toda a vida adulta, começou a martelar devagar em minha mente. Trata-se do emblema de Napoleon Hill: "Tudo o que a mente pode conceber e acreditar ela pode alcançar."

Esse princípio é a essência do que é ser um empreendedor! Se eu permitisse que alguma incerteza dominasse meus pensamentos, simplesmente me sentaria o mais rápido possível com dr. Phil McGraw para uma conversa séria, pois estaria entrando naquele estado de "Ah, ai de mim", em vez de agarrar minha empresa pelo guidom como de fato precisava. Fugi então dessa tendência à autopiedade, desliguei então o meu lado consciente e parei de me apoquentar pelo resto da viagem. Rodamos pelo Fraser River Valley, com seus picos altos e encostas cobertos de pinhos-pretos e álamos tremedores. Nosso destino final nessa etapa da viagem era Winter Park, mas antes de chegarmos lá demos uma volta pelo Parque Nacional das Montanhas Rochosas, onde fomos forçados a tirar apressadamente a camiseta de manga curta e a calça *jeans* e vestir macacão de couro. Tem que gostar de montanha!

Depois dessa magnífica experiência, paramos no Gasthaus Eichler, um dos hotéis familiares mais sofisticados que já vi, principalmente porque o proprietário é o antigo *chef* executivo do famoso Beaver Creek Lodge e serve uma comida de lamber os beiços. Naquela noite, tomei um vinho estupendo saboreando salsichas caseiras alemãs de todos os tipos e tamanhos. Não se esqueça de que sou *cajun* e que já experimentei comidas incríveis quando era jovem. Portanto, acredite em mim quando digo que a comida era uma das melhores que já experimentei.

Uma coisa é certa, naquela noite não consegui avançar no trabalho, graças às várias taças de vinho e vinho do Porto que beberiquei com meu charuto no terraço dos fundos. Teria de enfrentar esse trabalho na manhã seguinte, quando, mais uma vez, levantasse ao pôr do sol sem ninguém por perto. Como Winter Park não é uma cidade grande, andei alguns quarteirões em ambas as direções até finalmente encontrar um café madrugador, onde comprei um copo grande de café quente. Em seguida, voltei ao terraço, comecei a pôr meus pensamentos em ordem e a transformá-los em um esboço coerente e viável.

Em uma folha em branco do meu bloco de anotações, escrevi **perfil pessoal** e tracei três colunas: Principais Áreas de Resultados (PARs) à esquerda, Presente, no meio, e Futuro, à direita. Na coluna de PARs, relacionei as áreas que julgava mais importantes: família, saúde, aprendizagem, finanças, espiritualidade e comunidade. Desse ponto, simplesmente repassei minha lista da sessão de *brainstorming* anterior e coloquei os itens nas colunas correspondentes. Por exemplo, minhas "formas prediletas de passar o tempo" entraram na coluna Presente, enquanto "coisas que gostaria de fazer" entraram em Futuro, e assim por diante.

Perfil Pessoal		
Principais Áreas de Resultados	**Presente**	**Futuro**
Família	• _____ • _____ • _____ • _____	• _____ • _____ • _____ • _____
Saúde	• _____ • _____ • _____ • _____	• _____ • _____ • _____ • _____
Espiritualidade	• _____ • _____ • _____ • _____	• _____ • _____ • _____ • _____
Finanças	• _____ • _____ • _____ • _____	• _____ • _____ • _____ • _____

Diversão	• _____ • _____ • _____ • _____	• _____ • _____ • _____ • _____
Comunidade	• _____ • _____ • _____ • _____	• _____ • _____ • _____ • _____
Aprendizagem	• _____ • _____ • _____ • _____	• _____ • _____ • _____ • _____

Em seguida, passei para o perfil profissional. Mas nesse caso as áreas principais eram diferentes. Além de finanças e aprendizagem, acrescentei também categorias como vendas, *marketing* e envolvimento com a comunidade, bem como diversos para aqueles itens que não se encaixavam claramente em nenhuma das outras categorias. Depois disso, como já havia feito antes, simplesmente coloquei os itens listados na coluna Presente ou Futuro.

Perfil Profissional

Principais Áreas de Resultados	Presente	Futuro
Crescimento (Empresa/Funcionários)	• _____ • _____ • _____ • _____	• _____ • _____ • _____ • _____
Funcionários	• _____ • _____ • _____ • _____	• _____ • _____ • _____ • _____

Financeira	• _____	• _____
	• _____	• _____
	• _____	• _____
	• _____	• _____
Vendas	• _____	• _____
	• _____	• _____
	• _____	• _____
	• _____	• _____
Marketing	• _____	• _____
	• _____	• _____
	• _____	• _____
	• _____	• _____
Aprendizagem	• _____	• _____
	• _____	• _____
	• _____	• _____
	• _____	• _____
Diversos	• _____	• _____
	• _____	• _____
	• _____	• _____
	• _____	• _____

O objetivo desse esboço era organizar meus pensamentos e obter uma referência rápida, em uma única página, quando voltasse minha atenção para aquilo que havia iniciado todo esse processo — responder **a pergunta**.

Já se passaram cinco anos, e minha vida, em todos os sentidos, caminhou de acordo com o planejado — todos os desafios superados, todas as metas atingidas. Que sensação isso lhe traz?

Bem, veja **a resposta** que escrevi:

"Já se passaram cinco anos, e neste momento percorro as montanhas no lombo da moto. Durante parte da década passada, passei por uma transição maravilhosa e desafiadora. De piloto de empresas para autor/palestrante/líder de workshop. Meu livro foi publicado há dois anos e meio, com grande aclamação, abrindo caminho para palestras e contratações e o lançamento bem-sucedido do meu programa Retiro sobre Rodas para Empreendedores.
Diminui minha base de clientes para quatro, atraindo inúmeros outros clientes de todas as partes do país. Isso me permitiu entrar em contato com as pessoas e também passar mais tempo na estrada explorando tudo o que esse lindo país tem a oferecer. E é exatamente isso o que estou fazendo nesta semana, enquanto lidero um grupo de diretores executivos em um passeio de três dias para aprimoramento de suas empresas. Sim, não dá para duvidar do quanto viver e trabalhar é tudo de bom."

Lembre-se, não entre muito em detalhes aqui. A resposta não precisa ser longa, mas deve ser um resumo claro e conciso de como será sua vida quando você incorporar todas as mudanças que incluiu em suas diversas respostas às perguntas anteriores. O esboço que você criou com base nessas respostas serve para lhe dar uma visão nítida do lugar em que você se encontra no momento (coluna Presente) e identificar os novos elementos que compõem o seu amanhã (coluna Futuro). A resposta exige apenas que você crie um instantâneo da cara que seu futuro tem para você.

Que tal me concentrar nas coisas pequenas? — talvez você se pergunte. Onde estão os detalhes que você mencionou antes? Espere um pouco, chegaremos lá nos dois capítulos seguintes. Porém, antes disso, vou contar uma breve história que ajuda a discernir o que é potencial e o que é sucesso.

Estudo de Caso sobre a pergunta: potencial *versus* sucesso

Dez anos antes de me pôr a caminho de examinar em que pé estava minha vida, comecei a trabalhar com dois irmãos que haviam herdado do pai uma empresa já muito bem-sucedida. Desde a sucessão, Mark, diretor executivo, e Dave, vice-presidente sênior, mantiveram a lucratividade da empresa duplicando as receitas anuais e preservando sua posição entre as líderes do setor. Perto dos 45 anos de idade e apenas dois anos de diferença um do outro, ambos, diante do chamado da realidade para enxergar a vida além da empresa, me pediram para ajudá-los a responder uma pergunta: **"E agora?"**.

Atualmente, a empresa tem duas divisões distintas, ambas com um tremendo **potencial** de lucro. A primeira fornece o principal serviço da empresa e a segunda opera na retaguarda, dando suporte à produção. Ambas têm à sua frente um competente vice-presidente de operações com um excelente histórico de lucratividade. Em relação ao futuro, a única preocupação real de Mark e Dave é com a divisão de apoio à produção. Originalmente instituída para atender às principais linhas de negócios, essa divisão cresceu além das necessidades da empresa e vende sua produção excedente a vários concorrentes da própria empresa.

Com o passar do tempo, o vice-presidente da divisão de apoio à produção convenceu os irmãos a diversificar os negócios e a criar duas novas fábricas em dois estados vizinhos que demonstravam **potencial**. Segundo ele, as fábricas cresceriam rapidamente; elas não seriam encaradas como ameaça pela concorrência, visto que a principal atividade da empresa não atendia àqueles mercados. Esse problema da concorrência, na visão do vice-presidente, estava impedindo que a empresa ampliasse crescesse em seu estado natal, motivo pelo qual ele havia resolvido aventurar-se em outro lugar.

Hoje, tal como qualquer empreendimento nascente, as duas novas fábricas — não obstante o potencial que demonstravam ter — eram também um escoadouro de dinheiro. As perdas incorridas por essas instalações eram atribuídas a um fluxo de trabalho ineficiente, fator que praticamente acabou com a competitividade da empresa no mercado. O vice-presidente, portanto, estava tentando vender a ideia de que essas novas fábricas mais modernas eram a resposta. Depois de muita ponderação, Mark e Dave deram sinal verde para que se construísse uma fábrica nova e moderna em um dos locais sugeridos, e no prazo de alguns meses as coisas começaram a sair dos trilhos para ambos, em termos emocionais.

Por um lado, esses novos locais eram regiões nobres prontas para o crescimento. Por outro, ambos estavam distantes geograficamente e filosoficamente da empresa principal. Isso representava um desafio administrativo no que dizia respeito à superintendência diária das fábricas, e aí passou a ser travada a luta de Mark e Dave contra os demônios do **potencial** *versus* verdadeira visão de **sucesso**.

O instinto empreendedor de ambos dizia que, com o tempo, esses investimentos teriam retorno e, talvez, também promoveriam a expansão da atividade básica da empresa para esses novos mercados, mas ainda assim eles não se sentiam bem com isso.

A confusão interna que Mark e Dave estavam sentindo fez nascer um novo problema na empresa — a **indecisão**. Agora, que tanta coisa estava em risco, eles não tinham mais a mesma convicção que costumavam ter. E isso trouxe à tona duas questões fundamentais, cujas respostas eram essenciais. Por que eles estavam investindo nessa nova direção e nesses novos locais? Esse crescimento era **de fato** importante para a empresa? As duas perguntas eram interessantes, mas no final o problema dependia de outra pergunta, a verdadeira: Era isso o que eles realmente **queriam** fazer?

O que não os fazia se sentir bem com essa decisão era o impacto que isso teria na vida deles no futuro. Investir em novos mercados é um jogo arriscado e demorado. Muita determinação e energia é preciso para ter sucesso, e nem Mark nem Dave estavam convictos de que pudessem assumir um compromisso dessa magnitude. Portanto, nossas reuniões não versavam apenas sobre negócios. Analisávamos também a mesma questão que eu mesmo respondi no capítulo anterior: **Como você quer que sua vida esteja daqui a cinco anos e depois disso?** Para ajudá-los a encontrar a resposta, utilizamos **a pergunta** e um questionário, que, associados a uma pesquisa empresarial, acabaram se tornando um processo detalhado de vários meses de duração. Ao longo desse período, um dos irmãos se refugiou nas montanhas por algum tempo e o outro zarpou em seu veleiro para dar uma refletida.

Reunimo-nos todos numa fatídica sexta-feira, incluindo o pai deles na conversa. Essa reunião de oito horas transformou-se em uma emocionante montanha-russa. Os três afirmaram aberta e claramente que direção eles queriam que a empresa tomasse, no sentido de como ela se encaixaria na vida deles. Demonstrando uma incrível franqueza um para com o outro, eles pararam, refletiram a fundo e perguntaram: "Por quê? O que nos fez decidir apoiar essa expansão e por que sentimos que esse passo era necessário para a empresa?".

Eles perceberam que, embora aquela tivesse sido uma boa decisão **empresarial**, no frigir dos ovos tratava-se de uma péssima decisão de **vida**. Nenhum dos dois irmãos queria despender energia nem assumir o risco necessário para apoiar o crescimento dessas novas fábricas.

Finalmente, decidiram não apenas encerrar as operações das novas fábricas, mas reduzir o tamanho da divisão de produção e focalizar novamente as necessidades internas da empresa, desistindo de criar uma produção excedente para vender aos concorrentes. O custo a curto prazo foi uma perda significativa de investimentos e a exoneração imediata do vice-presidente da divisão. Não era uma decisão fácil a ser tomada e, por um tempo, deixou todas as pessoas na empresa apreensivas. Entretanto, em apenas dois anos, esse enfoque renovado gerou 30% de crescimento e acabou dobrando o número mais importante da empresa: o **lucro líquido**.

Hoje, Dave e Mark são mais felizes e mais ricos e estão m uma situação muito melhor porque tiveram coragem de perseguir sua visão de sucesso, em vez de tentar responder às pretensões de potencial de crescimento. A empresa tem uma visão clara, e planos de sucessão para ambos os irmãos já foram implementados e estão caminhando bem. Tudo isso porque eles pararam para refletir sobre seu destino final na vida e direcionaram a empresa — sua máquina de fazer dinheiro — para esse fim. Eles conseguiram identificar o tipo de corrida que gostariam de fazer e a linha de chegada que alimentaria seu espírito competitivo — sem deixar de alimentar também a alma.

Regras da Estrada

- Encontre seu refúgio e tome o tempo que for necessário para refletir sobre seu perfil.
- Identifique e ajuste a lacuna entre o potencial de sua empresa e seu ponto de vista pessoal de sucesso.
- Você deve prestar contas do passado e do presente para que possa ter uma visão real do futuro.

Para encontrar **a resposta**, você pode utilizar algumas ferramentas gratuitas e obter instruções detalhadas no meu *site*: *www.BikersGuidetoBusiness.com*.

CAPÍTULO 11

Sua máquina de fazer dinheiro

Em algum momento, somos compelidos a fixar um destino no mapa.

No meu último e maravilhoso dia de passeio no *tour* de motocicleta pelo Colorado e antes de sair do hotel em que estava, o Gasthaus Eichler, saboreei o último prato de René, proprietário e *chef* do hotel, que preparou um incrível café da manhã com linguiças caseiras e a panqueca mais leve que já comi na vida. Ele não costumava estar àquela hora na cozinha, mas como é motociclista e amigo do meu guia, Tom, ele fez questão de preparar pessoalmente o café da manhã para nós. Depois de trocar algumas histórias sobre motociclismo, René saiu para que eu e Tom conversássemos sobre o roteiro do dia e nosso destino final — Mount Evans, a estrada pavimentada mais alta da América do Norte.

Esse foi nosso último passeio da semana, e o trajeto que fizemos por Winter Park não foi nada menos do que de tirar o fôlego. "Cara, que forma maravilhosa de começar o dia!", pensei eu ao pegar a Highway 40, sentido sul, chegando a 3.353m ao longo de Berthoud Pass. Não era possível pensar outra coisa. Desse ponto seguimos para o vilarejo Empire e Idaho Springs. Na Highway 103, descemos a 3.048m e paramos na hospedaria Echo Lake antes de escalar até o topo.

Enquanto descansava e bebericava uma xícara de chocolate quente, fiz o que todo motociclista faz quando visita um novo lugar: fiquei vagando pelo elegante e antigo prédio histórico para ver se encontrava alguma camiseta para comprar. Mas se tivesse de dar algum conselho para essa hospedaria, seria contratar outro *designer* de camisetas. Isso porque, como a maioria dos motociclistas, sou *expert* em camisetas desse tipo. Tenho uma pilha enorme (todas pretas). Se juntasse todas as camisetas, poderia contar a história dos vários lugares em que já estive. É uma coleção bastante personalizada que visto com orgulho para ir a festivais de moto e bares para motociclistas. Portanto, encontrar a camiseta certa em uma viagem é um tanto importante para mim.

Entretanto, dessa vez, estava praticamente lutando para encontrar alguma, visto que nenhuma das camisetas em particular me chamou a atenção. Por fim, decidi ficar com uma camiseta que dizia *I made it up Mt. Evans!* [Cheguei ao topo do monte Evans!). Que coisa mais careta! Eu sabia que provavelmente nunca vestiria uma coisa dessas, mas pelo menos ela serviria para me lembrar do que eu estava para conquistar. Naquele momento, tudo o que eu tinha de fazer na verdade era **subir** até o topo e voltar sem despencar da montanha, que a mim parecia uma possibilidade bastante real.

Entretanto, provavelmente nada aconteceria, porque o bacana nessa viagem ao longo da semana foi a forma como Tom conduziu nosso passeio. Quando saímos de Conifer, no primeiro dia de viagem, percorremos principalmente regiões planas. Cada dia nos levava sistematicamente a regiões cada vez mais altas. Isso é importante para um motociclista que só costuma andar em terrenos planos como eu, porque me ajudou a me adaptar aos poucos a terrenos mais altos e evitar o mal das montanhas que aflige algumas pessoas. Afinal de contas, o que menos queremos quando estamos sobre duas rodas é perder os sentidos, especialmente subindo uma montanha sem *guardrail*.

O estilo de viajar de Tom também serviu para aprimorar minhas habilidades para pilotar nas montanhas, que precisavam estar bem afiadas porque a estrada até o cume em nada se parecia com uma rodovia normal. Era sem dúvida nosso maior desafio naquela viagem. Os ziguezagues íngremes (as curvas em forma de U) são tão fechados que algumas vezes me sentia como se estivesse indo e vindo ao mesmo tempo! E eu já mencionei que não havia nenhum *guardrail*, não mencionei? Resumindo, fiquei satisfeito com o fato de os passeios ao longo da semana terem me preparado adequadamente para enfrentar tanto a altitude quanto os desafios para pilotar a moto.

A estrada até o pico tem 22,5 cansativos quilômetros e termina a 4.350m. O percurso até o cume e de volta leva aproximadamente duas horas. E ainda que a perspectiva de gastar esse tempo para percorrer 45 quilômetros não tivesse sido suficiente para que eu fizesse um intervalo, antes de partir paramos no portão do sentinela para perguntar como estava o tempo lá no alto da montanha. O guarda nos informou que havia possibilidade de mudanças drásticas entre o ponto em que estávamos e o pico, mas que aquele era um dia que se poderia considerar normal na montanha. E, claro, estava previsto um temporal, mas as pessoas **ainda** não estavam sendo evacuadas da montanha. Beleza. Quando iniciamos nossa escalada, a única coisa que me passou na cabeça foi possibilidade de uma tempestade cair. Aí veio a sugestão de Tom para que eu observasse a expressão de pavor no rosto dos *cagers* (das pessoas que estavam de carro) enquanto dirigiam. Devo admitir que foi divertido. Realmente dei boas risadas, e mais de uma vez.

O trajeto da subida também foi fascinante por vários outros aspectos. Além da emoção de saber que eu não podia cometer nenhum erro, tive oportunidade de curtir a mais surreal das vistas ao percorrer umas das estradas sinuosas mais perigosas. Quando os motociclistas têm de virar uma esquina, eles aprendem que devem olhar para onde estão indo e confiar que a moto seguirá a mesma direção. Por isso, foi um tanto estranho curtir aquela vista incrível retroativamente. Quando não estava nos ziguezagues, podia avistar árvores que eram uma prova cabal de que apenas as mais retorcidas conseguem sobreviver àquela altitude, e no meio da pista pequenos orifícios redondos, muito curiosos, de onde alguns roedores punham a cabeça para fora de vez em quando. Cara, se não bastasse o desafio de pilotar naquela estrada, além de me preocupar com os *cagers* apavorados, naquele momento estava preocupado também com a possibilidade de algum ser esquisito, da família da toupeira, aparecer e me fechar enquanto percorria uma das pistas mais sinuosas que o homem conhece. Eu estava totalmente atento ao guidom!

Mas todo o esforço físico e mental necessário na subida mais do que vale a pena, e aquela mera percepção de adversidade logo desaparece no momento em que chegamos ao topo. Estava frio, sem dúvida, pelo menos 15 °C mais frio do que no sopé. Mas a vista era espetacular. Mais uma vez estava tendo oportunidade de olhar acima das nuvens, de onde entrevia Denver além daquela incrível cadeia de montanhas à minha frente. Em seguida, olhei para baixo, em uma das faces da montanha, avistando algumas cabras-montesas e alguns carneiros silvestres que subiam e desciam. Esse foi sem dúvida um daqueles momentos **magníficos** que experimentamos na vida.

Apenas trinta minutos depois, tempo em que permanecemos ali no topo, pegamos o caminho de volta e paramos a 3.666m para tirar fotos dos campos de neve no Summit Lake. Em seguida, descemos até a hospedaria e paramos um tempinho para tirar algumas das camadas de roupa que havíamos vestido para que não congelarmos de frio lá em cima. Agora já era hora de mudar o curso e voltar para Echo Lake, a leste da 103, e descer pelo Squaw Pass até chegar ao fim do percurso.

Eu conto a história dessa viagem ao monte Evans não apenas para compartilhar a alegria de pilotar por uma tal altitude, mas também para me manter fiel à metáfora entre empreendedorismo/motociclismo. Não, não serei tão careta a ponto de usar esse passeio como aquela velha representação das "lições aprendidas no topo da montanha"; na verdade, utilizarei esse passeio de uma semana como metáfora do **processo de pilotagem**. Ao me lembrar do estilo de Tom de pilotar, percebi que a única coisa que ele sabia sobre mim quando iniciamos nossa viagem juntos era que eu era um piloto experiente. Mas ser experiente pode ter vários significados diferentes, para pessoas diferentes, e a única coisa a mais que ele sabia, com toda a certeza, era que eu queria viajar por aquelas montanhas e em algum momento encarar a estrada mais alta que existe.

Portanto, como qualquer guia turístico prudente, Tom dividiu a viagem em etapas apropriadas, e todas elas testaram minhas habilidades e capacidades ao longo do caminho. O percurso de um dia favorecia o seguinte e era um aperfeiçoamento do anterior, até o dia em que ele teve certeza de que eu poderia pilotar com segurança o trajeto que nos levaria ao ponto mais alto de monte Evans. Tom sabia que, se tentasse me levar de nosso ponto de partida em Conifer diretamente para monte Evans logo no primeiro dia, eu teria ficado muito assustado e pouco conseguiria reter do que ele dissesse. Por isso, dividiu a semana em um número apropriado de passeios, com um nível adequado de dificuldade, e todas as manhãs me fazia um resumo do lugar a que iríamos naquele dia e o que nos aguardava. Obviamente, havia sempre variáveis e desafios a enfrentar ao longo do percurso, mas ao menos eu tinha uma ideia da situação do terreno e da disposição das coisas, bem como oportunidade de dizer sim ou não em relação à escolha da rota e de meter a cara contra o vento e pilotar.

E isso nos leva ao principal assunto deste capítulo. Depois do árduo trabalho de refletir profundamente e descobrir para onde eu queria seguir na vida, era chegado o momento de calcular de que forma eu arregimentaria meus companheiros de viagem — minha equipe — em torno de uma visão. Para conseguir isso, precisava usar a técnica de Tom de dividir uma visão de cinco anos de projeção em **etapas**, porque se não conseguisse fazer com que minha equipe me seguisse, estaria frito.

Com respeito às minhas habilidades de motociclista, consigo muito bem apontar para um local no mapa e descrever para qualquer pessoa a respectiva rota e direção, mas nos negócios isso não é tão simples assim. Eu tinha de lidar com o fato de o tema principal da minha missão ser agora um projeto pessoal, e não havia como arregimentar uma equipe apenas em torno do que **eu** queria para a minha vida. Afinal de contas, por que meus colegas haveriam de se importar com as metas que busco atingir pessoalmente no prazo de cinco anos? Eles também vão trabalhar todos os dias para concretizar suas próprias esperanças e sonhos, não apenas para me ajudar a concretizar os meus. Portanto, eu precisava transformar aquele objetivo em um denominador comum, algo que toda a equipe pudesse abraçar e apoiar.

Tinha de perceber minha empresa pelo que ela de fato era — uma máquina de fazer dinheiro construída especificamente para que eu e minha equipe chegássemos aonde gostaríamos de chegar na vida. Contudo, para mim, tudo isso era estranho, porque, como empreendedor, eu estava inclinado a colocar a empresa em primeiro lugar e simplesmente deixar minha vida cotidiana girar em torno disso. Eu costumava "transpirar o que eu fazia" todas as horas do dia e todos os dias da semana e procurava refúgio em uma falsa sensação de indispensabilidade, o que na verdade não passava de um medo de que as coisas desmoronassem na minha ausência. Também não era o único; isso era igualmente comum entre meus clientes. Mas percebi que era o momento de romper com isso.

Aparentemente, essa simples mudança de perspectiva me levava de novo a privilegiar a empresa, em vez de mim mesmo. E é verdade, eu afirmei antes, com todas as letras, que não era mais saudável me concentrar apenas nas metas da empresa, em detrimento das minhas metas pessoais. Nesse caso, contudo, não havia problema porque sabia que a direção e o foco da empresa correspondiam aos da minha vida pessoal. E isso me levou de volta ao meu ponto ideal enquanto empreendedor e me tirou da função a que havia me acostumado, na qual a empresa ofuscava — ou decepava — minhas metas pessoais.

Voltei então ao meu questionário e colhi as informações empresariais que eu precisava para projetar uma imagem, uma visão e uma missão clara para mim mesmo e para minha equipe, em relação ao rumo que minha empresa deveria tomar. Eu precisava criar um cenário como base para que elaborássemos um plano coletivamente.

O **planejamento de cenários** foi introduzido no mundo empresarial no início da década de 1970. A Royal Dutch/Shell implementou e utilizou essa técnica como processo para criar e avaliar suas opções estratégicas durante o embargo do petróleo. Originalmente, era usado por analistas para criar **estratégias econômicas** e **políticas**. Em virtude do sucesso obtido pela empresa, muitas grandes organizações ao redor do mundo começaram a empregar essa técnica. Hoje, é um procedimento operacional utilizado convencionalmente quando as empresas tentam se preparar para o futuro.

O planejamento de cenários parte de uma máxima fundamental: **daqui, não se pode chegar lá, mas de lá sempre é possível voltar aqui**. Basicamente, isso significa que devemos dar o primeiro passo com um objetivo em mente. Ouvi essa frase pela primeira vez no início da década de 1990, quando o moderador do sistema educacional público local a utilizou para iniciar uma oficina de planejamento estratégico e *design*. Quando ele proferiu essa frase pela primeira vez, a maioria das pessoas que estavam na sala ficou olhando inexpressivamente para ele, até o momento em que alguém fez a pergunta que parecia pairar na mente de todos nós: "Qual a diferença?". Ele nos disse para pensarmos em uma meta para um período de 12 a 24 meses à frente e dizermos qual a primeira coisa que conseguíamos ver. Demos uma série de respostas diferentes, todas elas associadas a coisas que precisávamos superar para chegarmos lá. Em seguida, ele nos pediu para invertermos nossa visão e pensarmos nessa mesma meta como já tendo sido concretizada e estando já para trás. **E agora, o que víamos?** Ao olhar para a situação desse modo, não víamos mais nenhum obstáculo nem nenhuma incumbência. Na verdade, víamos tudo como incumbências já concretizadas.

O poder por trás dessa ligeira mudança de percepção é que ela permite que a criatividade e as ideias fluam mais facilmente. Eliminamos as limitações que a necessidade de fazer uma determinada coisa impõe e podemos então considerar esses afazeres a serem feitos. Não há mais obstáculos. Estamos agora livres para identificar e focalizar até mesmo o detalhe mais trivial, porém essencial para concretizarmos a meta. E isso faz uma imensa diferença, porque, como a maioria das pessoas, eu — bem como minha equipe — costumo afundar no lodo diante desses obstáculos.

Outro fato a ser lembrado ao traçar um cenário é a necessidade de determinar o momento e os intervalos corretos. As grandes empresas normalmente criam cenários com uma projeção de cinco a dez anos, mas em uma organização empreendedora esse espaço de tempo não funciona. As coisas nos ocorrem **muito depressa** e somos impelidos a reagir com a mesma agilidade. Portanto, minha experiência comprova que é mais fácil, para mim e para minha equipe, nos envolvermos com um cenário com **projeção de um ano apenas**. Qualquer projeção mais extensa do que essa nos faz perder a percepção de urgência e o foco, praticamente nos impedindo de cruzar a tempo a linha de chegada.

Além disso, ao compor um cenário, na descrição sobre a posição da empresas doze meses mais tarde, é fundamental fornecer somente detalhes preponderantes. Sempre relaciono as metas principais: receita bruta, os serviços e produtos que vendemos, a situação da equipe (membros acrescentados e eliminados), desenvolvimento de produto e coisas do tipo. Posso interpor algumas novas mudanças repentinas de um ano para outro, como um novo cargo administrativo ou a promoção de um membro importante da equipe, mas a descrição básica e subjacente permanece a mesma. Em seguida, reúno essas metas em um ou dois parágrafos que projetem uma imagem clara de como a empresa estará. Sempre redijo isso como se estivesse me comunicando com alguém — por exemplo, o gerente do meu banco — ou expondo à minha equipe a atual situação da empresa.

Para agilizar o processo de sintetização das informações do meu questionário, criei uma planilha que me ajuda a identificar as **principais áreas de resultados** (PARs) e os fatores críticos que devemos focalizar no ano seguinte. O difícil é manter um nível médio de informações e evitar qualquer descrição detalhada de procedimentos que possa limitar o raciocínio de meus colegas. Na verdade, o objetivo é apenas descrever o resultado final de uma maneira que possibilite que a equipe proponha soluções processuais e garantir que ela se envolva de corpo e alma nessa trajetória da empresa para o sucesso.

Os primeiros itens que relacionei foram as **áreas de resultados** essenciais para o nosso sucesso no ano seguinte. (Você deve relacionar também itens como novos locais, novas posições, metas financeiras, venda de produtos e assim por diante.)

- Manter e aumentar a base de clientes atual.
- Finalizar o livro.
- Desenvolver o *site*.
- Dar mais palestras.
- Promover *workshop* sobre o processo de pilotagem.
- Iniciar a linha de pôsteres de empreendedores/motociclistas.

Em seguida, relacionei **fronteiras** ou **impedimentos** ao nosso crescimento. (Outros itens que talvez se apliquem são novos e antigos concorrentes, mudanças na alocação de pessoal, condições econômicas e assim por diante.)

- Aumento de 10% nas receitas.
- Estabilidade na equipe.
- Escritórios apertados.
- Falta de conhecimento na área de publicação de livros.
- Poucos recursos financeiros para lançar a linha de pôsteres.

Em seguida, considerei outros fatores não inseridos nas duas primeiras categorias, como necessidade de treinamento, novas informações ou mudanças observadas no mercado.

- Pesquisar e participar de conferências sobre a indústria editorial.
- Pesquisar e encontrar parceiros estratégicos para a linha de pôsteres (artista gráfico e gráfica).
- Propor uma parceria com o principal fabricante de motocicletas.

Subsequentemente, utilizei essas informações para formular o seguinte cenário:

Estamos no dia 31 de dezembro de 20__ e meu plano de cinco anos continua caminhando a contento. As três conferências e *workshops* que frequentei este ano me ajudaram a desenvolver meu livro, que foi comprado por uma grande editora e chegará às prateleiras no ano que vem. O contrato editorial me abriu portas para dois importantes fabricantes de motocicletas, e estamos no momento avaliando oportunidades de parceria em palestras e *workshops*.
Com relação à empresa, expandimos em 10% nossa atual base de clientes — sem precisar aumentar a equipe nem o espaço dos escritórios —, o que ajudou a compensar os custos da linha de pôsteres de empreendedores/motociclistas. O aumento na receita e os dois novos sócios no empreendimento ajudaram a concluir o projeto dos pôsteres e a lançar o site no final do terceiro trimestre.
Como conseguimos isso?

Observação importante: Meu cenário estava bem aprofundado e abordava as principais metas que eu gostaria de atingir no ano seguinte: um contrato com uma editora de livros, conferências, palestras em parceria, pôsteres de empreendedores/motociclistas, *site* e receitas provenientes de clientes. Com isso eu estava simbolicamente afixando uma bandeira em um mapa para a minha equipe, para que todos pudessem ver claramente aonde queríamos e precisávamos chegar. O detalhamento necessário para chegar lá viria na fase seguinte do processo, durante a reunião de planejamento tático (que descrevo no capítulo seguinte).

Como a área em que atuo é exclusiva, obviamente meu cenário não funcionará para você e sua empresa. Apresento a seguir um modelo que pode se adaptar melhor às suas necessidades à medida que você avançar:

Hoje é 31 de dezembro de 20___ e nossa empresa atingiu a meta de receita de R$ ____ milhões. Um dos fatores que mais contribuíram para esse sucesso foi nossa expansão para dois novos mercados: a primeira no (local 1) e a segundo no (local 2). Para entramos nesses mercados, nossa dívida geral subiu ligeiramente e nossa equipe de funcionários está 10% maior. Essas inaugurações também nos permitiram continuar promovendo nosso pessoal interno. Portanto, temos dois novos membros na equipe executiva.

O programa de contratação e retenção que instituímos teve excelente repercussão, o que fez com que a rotatividade geral dos funcionários ficasse abaixo de 4% no final do ano. A retenção de funcionários importantes produziu um efeito positivo na renda líquida, cujo aumento aproximado foi de ___% ou R$___.

Como conseguimos isso?

Assim que redigir seu cenário, utilize as seguintes perguntas para verificar se ele foi elaborado apropriadamente e se vai produzir o resultado desejado na fase seguinte do processo.

Perguntas sobre o cenário
- Esse cenário é compatível com seus objetivos de longo prazo?
- Tem foco?
- Ele lhe dá um entendimento claro da sua missão?
- Esse cenário amplia a margem de crescimento da empresa?
- Ele contém objetivos específicos mensuráveis?
- As metas podem ser atingidas de forma realista no intervalo de tempo especificado?
- Os problemas são identificados facilmente?

Seu cenário é a mola-mestra da fase seguinte do processo de pilotagem. Assim que redigir seu cenário, **não** o transmita aos membros da equipe antes da reunião de planejamento tático descrita no próximo capítulo. Será melhor para a sua equipe se ela responder de forma imediata e instintiva as perguntas sobre o cenário. Você — e os demais membros — terá tempo suficiente após a fase seguinte para pesquisar. Entretanto, você só terá uma oportunidade para extrair essas respostas instintivas de sua equipe.

Como você já redigiu um cenário viável, agora é o momento de elaborar o plano.

Regras da estrada

- Mantenha o foco ao elaborar seu cenário — não inclua metas pessoais.
- Seja específico, mas evite exagerar nos detalhes ao compor seu cenário.
- Utilize uma projeção de no máximo dezoito meses.
- Seu cenário deve apresentar uma imagem clara da direção para a qual você está seguindo.

Para criar um cenário admirável, você pode utilizar como suporte algumas ferramentas gratuitas e obter instruções detalhadas no meu site: www.BikersGuidetoBusiness.com.

CAPÍTULO 12

Traçando o plano de viagem

Depois de uma semana na estrada, estava um tanto quanto triste por ter que devolver a moto alugada ao revendedor. Saí dali com a esperança de que não demoraria muito para voltar àquelas estradas. A experiência de viajar pelas montanhas Rochosas superou todas as minhas expectativas, e a viagem mental foi um prêmio a mais ao longo do caminho. A semana foi um sucesso, ao menos no que me diz respeito. Ela me fez afastar do trabalho maçante do dia a dia para espairecer, e me senti realmente bem em relação à nova direção para a qual eu estava seguindo.

O bacana de pilotar em uma estrada deserta é que posso me livrar do barulho que me perturba mentalmente, abrindo a mente para novas possibilidades no mundo a que pertenço. Nessa viagem específica, pude refletir sobre as decisões pessoais e profissionais que haviam me levado para aquele espaço. De lá, consegui projetar com clareza e confiança o caminho que tomaria no futuro, e isso me permitiu desenvolver mais facilmente um cenário realista do lugar em que minha empresa precisava estar no prazo de um ano. Naquele momento, eu estava pronto para seguir para a etapa seguinte do processo: **eu precisava elaborar um plano**.

Plano é uma daqueles nomes feios que a maioria dos empreendedores odeia ouvir, e detestamos nos envolver com o planejamento em si. Esse também foi um dos motivos que originalmente me levou a abandonar a América corporativa. A simples recordação do tortuoso processo de planejamento me faz virar os olhos, soltar um gemido e querer jogar tudo isso para o alto.

Se for um dos refugiados do mundo corporativo como eu, sabe do que estou falando. Aquelas tradicionais reuniões de planejamento estratégico de três dias são uma desagradável recordação dos tempos difíceis — e algo que tento evitar a todo custo. Passei incontáveis dias da vida trabalhando em algum plano estúpido da alta administração cujo destino era morrer esquecido na prateleira no espaço de sessenta dias, para nunca mais ser visto.

Quase como um dos cães de Pavlov, esse método convencional de planejamento me condicionou a acreditar que qualquer plano que fosse transposto para o papel precisava ser espesso. E quem, neste frenético mundo dos empreendimentos dos tempos modernos, tem tempo para ler, muito menos para **redigir**, algo tão longo? Todas as corporações para as quais trabalhei funcionavam de acordo com o lema de que "mais significava melhor", porque acreditavam, erroneamente, que as reuniões de planejamento estratégico prolongadas produziam planos detalhados. Na verdade, eles imaginam que esse tempo mais prolongado seria uma garantia de que cobriríamos tudo o que precisávamos para criar uma estratégia eficaz.

Mas eles estavam errados, porque passar tanto tempo juntos nos fez ficar descuidados. Essas reuniões prolongadas eram um prato cheio para o exagero, tanto de exposições quanto de discussões. Isso acabava massacrando qualquer percepção de urgência que se pudesse ter naquele momento. E tudo o que todos **realmente** queriam depois do primeiro dia de exposição de gráficos e apresentações entediantes era sair dali daquela sala o quanto antes. Aquelas negociações intermináveis, presunçosas e apaixonadas faziam nossa mente vagar, e acabamos por passar por cima de uma pancada de detalhes e atribuições importantes que naquela época pareciam insignificantes. O grau extremo de tédio garantia que qualquer plano que propuséssemos tivesse muito mais bobagens do que substância.

Portanto, como alguns daqueles vírus de liberação gradual, esses detalhes aparentemente insignificantes começaram a tomar corpo e com o tempo embolaram o desempenho da empresa. Meses depois, estávamos mais uma vez correndo atrás de metas não atingidas e prazos descumpridos, o que provocou uma mudança involuntária e automática na estratégia tão apenas para reaver o controle. Toda vez que mudávamos de estratégia, nossos funcionários precisavam reagir e toda vez que eles eram convocados a reagir eles viravam os olhos e se mexiam cada vez mais lentamente. Afinal de contas, imaginavam, por que a pressa? As coisas simplesmente tornariam a mudar no prazo de mais ou menos um mês. Ainda hoje suo frio quando entro em um desses salões de hotel, só de lembrar da tamanha **futilidade** que é tudo isso.

Mas futilidade à parte, no papel de dono de uma pequena empresa, simplesmente não tenho como passar três dias conversando **sobre** a empresa. Percebi isso sendo ágil e confiando principalmente na minha paixão e presença de espírito. A desvantagem disso é que acabei adotando uma mentalidade até certo ponto simplista — quando ocorre algo positivo, eu sigo essa direção automaticamente. Se algo é negativo ou destrutivo, me recuso a pensar sobre isso e tomo a direção oposta. Quem precisa de plano para fazer **isso**?

A necessidade de planejar não se resume a este velho e cansado clichê de que: **"Não planejar é planejar o fracasso."** Isso é uma grande bobagem, visto que conheci vários empreendedores que nunca planejaram um dia sequer em suas vidas e ainda assim conseguiram construir empresas sólidas. Entretanto, a desvantagem de nunca terem planejado é que ainda hoje continuam dirigindo suas empresas com o mesmo esforço que empreenderam no início, sem previsão para um descanso verdadeiro. E embora não haja nada errado com esse grau de paixão e comprometimento, a energia que eles têm empreender dia após dia em algum momento esgotará até mesmo o melhor dos empreendedores. Eu sei, porque foi aí que me descobri. Foi quando percebi que era o momento de adotar um enfoque diferente.

Entretanto, me considero um planejador bastante bom. Porém, como a maioria dos empreendedores, é mais provável que eu planeje às carreiras. Acho que isso ocorre porque nossas empresas normalmente são pequenas e achamos que estamos a par de tudo o que está ocorrendo na empresa diariamente. Sentimos que, pelo fato de termos todas as informações necessárias na cabeça, podemos elaborar nossos planos em um vácuo. E apresentamos esses planos a todas as pessoas de acordo com a necessidade. Afinal de contas, trata-se da sua empresa, e os funcionários que não conseguem seguir nosso exemplo simplesmente não "pensam como nós" nem "conseguem ter uma visão global". Sem dúvida, a contribuição de nossos funcionários pode ou não mudar sensivelmente nosso plano. Esse estilo de planejamento cria uma situação em que ficamos constantemente de olho no guidom da empresa, administrando-a meticulosamente e também todos à sua volta, entra dia sai dia. E isso em algum momento frustra até mesmo a criatura mais paciente que possa existir.

Aprendi que preciso controlar menos quando todos os membros fundamentais da equipe estão envolvidos na reunião de planejamento. Eu não procuro neles uma direção, visto que esse rumo nunca deve ser oferecido por um comitê, mas estabelecido por meio do planejamento de cenários descrito no capítulo anterior. Portanto, use o processo de planejamento para fixar um alvo e obter a adesão e ajuda de sua equipe na elaboração de suas principais táticas. Meu verdadeiro objetivo é que todos eles tenham consciência de que eu **sei** o que eles precisam fazer.

Desde que abandonei o mundo corporativo, descobri que o planejamento não precisa ser sofrido e trabalhoso. Percebi que ter participado de inúmeras reuniões de planejamento mal conduzidas na verdade me ajudou a criar um processo que realmente funciona. Consegui isso apenas admitindo **que planejar nada mais é que parar de ficar pensando sobre as coisas que sabemos que precisamos fazer e, antes de fazê-las, registrá-las no papel**.

Em poucas palavras, é identificar o **trabalho a ser feito**. O plano é um roteiro, não um romance. Além de simples e fácil de ler, um bom plano impede que trabalhos essenciais caiam no limbo e mantém a empresa centrada em suas metas. É também indispensável que o plano utilize a mentalidade prevalecente em todas as empresas empreendedoras do "faça tudo o que for preciso". Essa postura é absolutamente crucial para a sobrevivência e o desenvolvimento diário de uma empresa; se o plano não cumprir essa função — mesmo que para um único membro da equipe —, em algum momento retardará o crescimento da empresa.

Todos nós experimentamos algum grau de desacordo ou cisão quando estamos em grupo. No motociclismo, isso ocorre quando nosso companheiro de viagem abandona o grupo para disparar e explorar a estrada sozinho por algum tempo. Pode até ser uma atitude bem intencionada naquele momento, mas deixa o capitão se perguntando onde é que ele foi parar. O grupo em algum momento o alcança, sentado à beira da estrada à espera de todos, e no devido tempo ele se junto ao grupo novamente. Mas e se você precisasse da experiência dele de piloto ao lado do capitão, ao lado da liderança? E que ideia isso passa para o restante do grupo — tudo bem, você pode fazer o que quiser desde que tenha boas intenções?

No mundo empresarial, situações como essa ocorrem quando todos os membros de uma empresa justapõem suas programações individuais à meta do grupo. Todos ficam correndo de um lado para outro, fazendo qualquer trabalho que cruze seu caminho, sempre que aparece. Claro, eles podem fazer isso, mas **deveriam**? Como todos os integrantes da equipe sabem se esse trabalho de fato está sendo concluído quando deveria — ou se simplesmente está sendo executado naquele instante porque é o momento mais conveniente?

À primeira vista, talvez não custe nada fazer um trabalho; afinal de contas, as coisas estão aí para serem feitas. Mas essa falta de coordenação em algum momento provocará sobrecargas desnecessárias no fluxo de trabalho diário, que aparecerão como horas extras, visto que os funcionários trabalham freneticamente para cumprir prazos que estão para vencer. Esses incêndios autoimpostos, que se tenta apagar diariamente, servem para aumentar a pressão e o estresse dentro da empresa e acabam provocando o esgotamento. Um bom plano não é uma mera lista de afazeres à espera de serem aleatoriamente marcados como concluídos. Ele deve também identificar o método e o momento certo de execução de cada trabalho, garantindo que os membros da equipe realizem todos os afazeres na sequência certa e na hora certa.

Outro fator importante que levo em conta quando estou delineando o processo de planejamento é que o empreendedor não pode se dar ao luxo de passar dias ou semanas planejando. Não posso desviar toda a equipe por longos períodos e tampouco preciso chegar ao fim do processo com uma pasta colossal que mais dia menos acabará em um armário e totalmente esquecida no prazo de mais ou menos sessenta dias. Além disso — embora meus colegas consultores possam querer me matar por dizer isso —, os empreendedores nem sempre podem se dar ao luxo de contratar alguns caros consultores para facilitar o processo de planejamento.

Com tudo isso em mente, eu queria um processo que se adequasse ao ritmo de vida acelerado e frenético dos empreendedores. Um plano que aproveitasse rapidamente a experiência coletiva da equipe, em questão de algumas horas de verdadeira concentração, e produzisse um roteiro objetivo e fácil de utilizar. Em vez de uma pasta imensa, queria uma lista de medidas necessárias de no **máximo duas páginas de extensão** que identificasse eficazmente as táticas em que cada um dos membros da equipe deve se concentrar diária, semanal e mensalmente para transformar o cenário da empresa em uma realidade e nos conduzir ao nosso destino. Uma espécie de mapa de GPS que me dê flexibilidade para ampliar e reduzir facilmente um determinado ponto, de acordo com minha necessidade.

Portanto, depois de vários anos trabalhando com clientes e na minha própria empresa, elaborei o seguinte **processo de planejamento tático**. Vejamos como ele funciona.

Preparativos

Quase como o plano que por fim é elaborado, a **reunião de planejamento tático** deve ser simples e direta. Apenas alguns pontos são necessários:

1. **Participação dos membros certos da equipe.** Esse grupo pode abranger pessoas externas à sua equipe administrativa imediata. Minha regra prática é identificar todos aqueles que têm relação direta com o plano e que serão responsáveis pela implementação de alguma das principais áreas de resultados. Se eles tiverem parte nisso, terão de estar presentes.
2. **Nenhum trabalho prévio e nenhuma pesquisa.** Descobri que, quando solicitamos algum trabalho preliminar ou pesquisa, acabamos obtendo uma resposta mais **politicamente correta** ou **ensaiada** para o processo, em vez de as respostas que queremos verdadeiramente. Meu objetivo é obter dos meus funcionários uma resposta instintiva imediata às perguntas que estou fazendo; se eles pensarem em demasia antes do planejamento propriamente dito, isso me impede de obter deles opiniões sinceras sobre a empresa hoje e no futuro.
3. **O cenário finalizado.** Com certeza, antes dessa reunião, não compartilho o cenário de forma alguma e com ninguém, o que tem a ver com meu método de impedir qualquer trabalho prévio ou pesquisa; isso, igualmente, porque não quero ouvir respostas politicamente corretas. Quero ouvir o que os membros da equipe de fato pensam.
4. **Uma sala de reunião cheia de paredes vazias e espaço para que os participantes possam se espalhar e trabalhar.** É altamente recomendável realizar a reunião de planejamento tático **fora da empresa** para evitar distrações. Encontrar lugares baratos para isso é mais fácil do que você pensa. A principal coisa a lembrar é que você deve escolher um espaço amplo para que as pessoas possam se espalhar. Não use a mesa de reunião tradicional; as pessoas precisam ter espaço para pensar e trabalhar individualmente. Além disso, em verdade nunca existe uma necessidade real de utilizar vídeo nas exposições. Portanto, você não precisa se preocupar com equipamento de vídeo. Entretanto, é importante ter espaço suficiente na parede para afixar as folhas *flip chart* adesivas que serão utilizadas pelos membros do grupo para responder as perguntas. Você terá de agrupar as respostas na parede no decorrer da reunião de planejamento.
5. **Utensílios.** Você precisará de um ou dois blocos de folhas de papel adesivas, bem como um pincel atômico de tamanho grande para cada participante.

6. **Facilitador.** Como mencionei um pouco antes, não há necessidade de contratar consultores caros para conduzir esse processo. Entretanto, acredito que seja mais produtivo ter uma pessoa externa para conduzir a reunião, porque isso permitirá que o líder habitual da equipe participe ativamente. Contudo, não é essencial ter um facilitador externo; o processo de perguntas e respostas foi idealizado para que eu ou qualquer outro líder atue como facilitador e ao mesmo tempo participe.
7. **Alguém para tomar notas.** Sempre tenho alguém mais, além dos participantes, para observar e anotar em tempo real as respostas de cada um em um *notebook*. Desse modo, posso sair de repente da sala e ter meu plano já documentado.

Primeiros passos

Reservo os primeiros trinta minutos ou mais para abrir a reunião com uma breve recapitulação sobre como a empresa chegou aonde está no presente momento e para compartilhar com eles minha visão mais aprofundada sobre seu potencial. Isso oferece a todos os participantes uma perspectiva referencial da empresa e também é um excelente momento para sermos bastante otimistas com relação às nossas conquistas. Brinco também com nossos desafios e insucessos, a fim de retransmitir as lições aprendidas e salientar que, no andar da carruagem, nossas experiências nos tornaram uma empresa melhor.

Costumo fazer uma coisa extremamente importante: interromper a discussão depois de cobrir o presente e a posição da empresa no futuro. Esse não é o momento de entrar na etapa do cenário, porque isso pode atrapalhar o planejamento. Tenha paciência — você chegará lá em breve.

Antes de iniciar a sessão prática, abordo os itens essenciais de organização interna, como local dos toaletes e programação dos intervalos e almoço. Depois disso, dou um intervalo de cinco minutos para que todos possam ir ao banheiro e reforçar o café antes de partirmos para as perguntas.

Fazendo as perguntas

Como já participei de centenas de reuniões de planejamento na vida profissional, aprendi que o **bom questionamento** sempre representa o sucesso ou insucesso de qualquer reunião. A maneira como perguntamos e respondemos as perguntas (entonação, ordenação e ritmo) é crucial para desenvolvermos **rapidamente** um plano brilhante. Portanto, não pule nem mude a sequência das perguntas que o conduzirão ao cenário. As perguntas do planejamento tático foram idealizadas de modo que uma sirva de base para a outra e capte as ideias individuais de todos os presentes, tecendo ao mesmo tempo o plano.

A princípio, as primeiras três perguntas podem parecer muito básicas; entretanto, o objetivo delas é criar a disposição certa nos participantes. Acabei por perceber que todos os participantes entram na reunião trazendo um conjunto exclusivo de aflições, distrações e programações que, se não for abordado apropriadamente, pode retardar sua eficácia. Por isso, tomei emprestado uma técnica utilizada do setor de varejo. Do mesmo modo que os primeiros nove metros de uma loja de departamentos bem projetada têm a intenção de persuadi-lo a entrar no clima das compras, o propósito das primeiras três perguntas é fazer com que todos entrem em sintonia. Para que as perguntas ajudem a tirar da mente dos participantes a maioria dos compromissos secundários naquele momento, solicito que eles relacionem e discutam ativamente suas prioridades e necessidades no presente e depois os pontos positivos da empresa e suas oportunidades no mercado.

Também introduzo o elemento tempo em minhas perguntas para alimentar uma percepção de urgência. Como mencionei antes, estou mais interessado em respostas instintivas, e percebi que um pouco mais de pressão com relação ao tempo estimula uma equipe experiente a responder de maneira mais instintiva, e isso nos leva rapidamente ao assunto.

Respondendo as perguntas

Normalmente as reuniões de planejamento são dominadas por uma ou mais pessoas que não param de apresentar suas próprias ideias e deixam pouco tempo para a discussão em grupo. Os outros participantes têm de ser ousados o bastante para tomar a palavra e conseguir apresentar seus argumentos com êxito ou então ficam quietos.

Quando duas pessoas usam todos os meios possíveis para conseguir uma posição, elas inadvertidamente subjugam todos à sua linha de raciocínio e tolhem a criatividade geral do grupo. Entretanto, em toda equipe existem aqueles que, por vários motivos, não se sentem à vontade para expressar suas opiniões quando o grupo é grande. São aqueles que um dia foram repelidos por terem batalhado para que suas opiniões fossem ouvidas. Ambos os casos criam um ambiente totalmente improdutivo, onde se perdem informações valiosas. E todas as empresas, seja lá de que tamanho for, simplesmente não pode se dar ao luxo de perder a capacidade intelectual nem mesmo de uma única pessoa. Se isso ocorrer, o plano será prejudicado.

Portanto, é indispensável evitar discursos ostentativos, mas possibilitar um diálogo construtivo entre os membros do grupo. Descobri que a melhor maneira de evitar que uma pessoa domine a discussão é permitir que cada membro responda individualmente. Desse modo, podemos colher as ideias e informações de todos logo no início, antes de partir para a discussão.

É aí que a folha de papel *flip chart* adesiva entra em cena; todas as pessoas devem receber uma folha de papel desse tipo, bem como um pincel atômico. Todos os participantes devem colocar o nome na parte superior e escrever suas respostas com letras grandes para que todos consigam ler suas respostas ao redor da sala.

A ordem em que as respostas são dadas é importante. Percebi que a melhor forma de a equipe responder às perguntas é iniciar pela pessoa mais nova na empresa — ou mais inferior no sistema hierárquico — e prosseguir até o topo da cadeia de comando (tendo por base o tempo de serviço e o cargo). E o chefe responde por último. De acordo com minha experiência, se você ou seus funcionários seniores responderem primeiro, os demais ficarão menos propensos a compartilhar suas opiniões abertamente e grande parte do que eles veem se perderá.

Desse modo, mantendo essa sequência em mente, quando o tempo alocado para responder a pergunta se esgota, a pessoa afixa sua resposta à parede e a lê para o grupo. Não permito nenhuma interrupção nem questionamento enquanto a pessoa não tiver apresentado a sua lista inteira. Em seguida, concedo um ou dois minutos da reunião apenas para **questões de esclarecimento** — em outras palavras, perguntas que extraiam informações e alarguem a compreensão do conceito, mas não provoquem um debate formal das ideias. Por exemplo, "Fale mais sobre sua ideia de abordar..." e "O que você quer dizer com...?".

Eu faço de tudo para evitar perguntas do tipo: **"Você já pensou em...?"**, pelo menos a essa altura do jogo. Enquanto facilitador, meu objetivo é evitar perguntas que resvalem para uma discussão aberta, em que as contestações e as novas ideias sejam descartadas antes que cada uma das pessoas tenham expressado sua opinião. Eu simplesmente peço aos participantes para segurar a ideia ou pergunta em questão, visto que todas elas serão discutidas em outra etapa do processo. Essa tática básica é boa para evitar que alguém domine a conversa e garante que a opinião de uma pessoa tímida ou nova seja ouvida. Além disso, agrupo as respostas na parede de acordo com a pergunta, e não pela pessoa que respondeu. Assim fica mais fácil de fazer anotações sobre tópicos específicos e para que a equipe se remeta a cada pergunta posteriormente, se necessário.

Como já abordamos o processo, vejamos as perguntas e alguns conselhos sobre como dirigi-las.

Pergunta 1 – Que resultados você deseja obter ao final da reunião de planejamento? (10 minutos)

Eu sempre começo com essa pergunta porque, embora todos os membros da equipe saibam que eles estão ali para participar da reunião de planejamento, todos têm opiniões diferentes sobre o que gostariam de discutir e de que modo o dia deve transcorrer. Essa pergunta dá a todos oportunidade de expressar essas opiniões. É fundamental que você e sua equipe enxerguem o tema dominante que o grupo pretende abordar. As respostas em geral variam entre metas da empresa a estratégias de crescimento, estratégias de *marketing*, apoio necessário etc. — as possibilidades são muito grandes.

É essencial observar que, ainda que eu agradeça a todos por sua franqueza, não permito nenhuma discussão após essa pergunta. É difícil conter minha ânsia de dizer ao grupo o que vai ou não ocorrer naquele dia, mas isso não é uma coisa que se possa prever com facilidade. Saiba apenas que, ao longo do dia, você abordará uma série de informações: conteúdos que podem dizer respeito a uma preocupação específica ou torná-la irrelevante.

Pergunta 2 – Que fatores determinam a atual posição de sua empresa no mercado? (20 minutos)

O objetivo dessa pergunta é levar as pessoas a refletir a fundo sobre a empresa e compartilhar com a equipe o que acreditam que a diferencia das empresas concorrentes. Aqui, a meta é ressaltar o valor intrínseco daquilo que a empresa tem a oferecer ao mercado em termos de produtos e serviços, bem como focalizar habilidades especializadas dentro da empresa.

Assim que todas as respostas forem afixadas à parede, pergunto se está faltando alguma coisa, algo que alguém possa ter pensado enquanto os demais conversavam. Em seguida, a equipe tem mais ou menos dez minutos para discutir o significado desses fatores e falar a respeito de seu papel com relação ao sucesso da empresa.

Essa discussão sempre é interessante porque consigo enxergar a empresa através dos olhos dos funcionários. E o que é verdadeiramente bacana nisso tudo é que, embora os membros da equipe estejam quase sempre em sintonia, normalmente ocorre aquele grande e valioso lampejo (*insight*) que nos faz rir e dizer "Hum...". Todas as empresas precisam parar para pensar sobre elas mesmas dessa forma.

Pergunta 3 – Quais são as necessidades do mercado? (20 minutos)

Essa pergunta chama a atenção da equipe para o mercado. Na maioria das empresas, os proprietários e a equipe de vendas são os que têm a melhor percepção do mercado. Entretanto, é sempre surpreendente ouvir o ponto de vista do pessoal que fica supostamente nos bastidores.

O objetivo dessa pergunta é conseguir informações sobre a constituição do mercado, nichos específicos e tendências positivas e negativas e, finalmente, acerca da concorrência. Essa lista deve ser mais extensa e mais aprofundada do que a da pergunta 2, visto que normalmente existem mais áreas de oportunidade no mercado do que aquelas a que estamos atendendo no momento.

Assim que todas as respostas forem afixadas à parede, novamente pergunto se está faltando alguma coisa. Em seguida, a equipe tem mais ou menos dez minutos para discutir o significado desses fatores e sobre seu papel com relação ao sucesso da empresa. Daí passamos para a etapa subsequente.

Pergunta 4 – Respostas ao cenário (20 minutos)

Com a equipe já pronta para a ação, chegamos finalmente ao momento de compartilhar o cenário. A essa altura, passo uma cópia para cada participante e depois leio o conteúdo em voz alta para todo o grupo. Após a leitura, concedo um ou dois minutos da reunião apenas para questões de esclarecimento, e em seguida aciono o cronômetro. É aqui que o processo atinge um ritmo acelerado, visto que as pessoas desatrelam sua criatividade pessoal.

Como sou o último a responder, simplesmente me acomodo ali e fico observando cada um se levantar e dizer ao restante da equipe o que precisamos fazer para atingir as metas traçadas no cenário. Sou bastante rigoroso na condução dessa parte da reunião e restrinjo ao mínimo as discussões entre as respostas, até que todos tenham se expressado. Esse é o momento em que realmente começamos a dialogar e a analisar as respostas em grupo.

Depois de finalmente apresentar minha resposta ao grupo, peço a todos para parar e dar uma olhada em todas as informações afixadas nas paredes. Em um curto período, coletamos um monte de opiniões e ideias, e é muito bacana ver toda essa capacidade pensante afixada em todas as paredes.

Novamente pergunto se alguma coisa está faltando. A essa altura, como todos estão mentalmente cansados, fazemos uma pausa para o almoço, e nesse período normalmente ocorrem conversas paralelas. Agora todos já estão envolvidos na discussão. Então, a próxima etapa é elaborar o plano.

Pergunta 5 – Qual é o plano?

Essa é a etapa em que paramos de trabalhar sozinhos e concluímos o restante do processo em equipe. Agora, é hora de pegar todas as informações afixadas nas paredes e transformá-las em um plano coerente. Para isso, precisamos decompor todo o conteúdo em partes menores.

Para começar a dividir as respostas do cenário, afixamos na parede seis folhas de papel em branco e intitulamos cada uma delas: vendas, *marketing*, operações e assim por diante. Em equipe, identificamos as ideias que têm um nível de qualidade que atenda às expectativas do grupo e as colocamos na folha correspondente. Além disso, identificamos e relacionamos projetos dentro de cada categoria. Nesse caso, listamos atribuições, como pôsteres de empreendedores/motociclistas, entrevistas sobre o livro, *marketing* dos *workshops*, atendimento ao cliente e assim por diante. Assim que concluímos essa lista, designamos um líder para cada projeto, bem como pessoas e recursos necessários para ajudá-los. Em seguida, determinamos em grupo a ordem de prioridade dos projetos e as respectivas datas de início e término.

A essa altura, o grupo normalmente já está interagindo e o clima é de bastante otimismo. Eles acreditam que tudo o que foi registrado pode e será concretizado exatamente na data que estipulamos. Na verdade, todo o mundo que experimenta esse processo — seja na primeira vez seja na quinta — fica excessivamente otimista quanto ao que de fato pode ser alcançado. A realidade bate à porta no dia seguinte, quando entramos na empresa e temos de enfrentar os desafios habituais. Mas quanto a isso tudo bem. O principal a lembrar é que todos nós agora temos uma percepção de urgência com respeito aos projetos. Precisamos apenas lembrar que esse plano abrange o ano todo, portanto nem tudo pode ou será iniciado de uma só vez. Alguns projetos começarão imediatamente e outros em uma etapa posterior. Portanto, agora é só uma questão de encontrar o passo certo para que possamos caminhar em equipe.

Para ajudar a determinar esse ritmo, utilizo seis folhas de papel e traço uma tabela com doze colunas. Intitulo sucessivamente as colunas com o nome dos meses, começando pelo mês após a referida reunião, para representar nosso ano subsequente. Em seguida, conforme a data de início, vou colocando cada um dos projetos nos meses correspondentes do ano e dou um passo para trás. Agora temos uma boa visualização do que programamos para aquele ano e podemos identificar os meses nos quais há projetos em demasia ou os meses com capacidade em excesso.

Essa visualização do ano subsequente à reunião ajuda-nos a colocar tudo em uma perspectiva mais realista e a aproveitar melhor nossa energia para **"fazer tudo o que for preciso"**. Agora temos uma visão do que cada membro da equipe tem de fazer e para quando. Temos também total consciência da sequência e da data em que tudo deve ser concretizado. Nessa etapa do processo, podemos fazer todos os ajustes necessários. Mudamos as datas de um projeto e transferimos recursos de uma prioridade para outra — tudo bem às claras para que todos vejam e concordem.

Essa etapa é fundamental porque, na maioria das organizações empreendedoras, a equipe participa de vários projetos ao mesmo tempo. Ao analisar o fluxo ao longo do ano, os membros da equipe podem avaliar melhor as linhas de largada e de chegada de todos. Isso os ajuda a calcular o fluxo de energia necessário, programar férias e gerenciar recursos (tanto humanos quanto corporativos), garantindo, desse modo, um processo de implementação mais tranquilo.

Assim que finalizamos essa discussão, transfiro essas informações para um diagrama de tarefas e medidas necessárias e *voilá* — meu plano tático está concluído. Agora tenho um alvo, com os pormenores necessários para acompanhar as responsabilidades diárias, semanais e mensais de cada membro da equipe. É uma coisa linda; contudo, ainda não chegamos ao verdadeiro fim.

DIAGRAMA DE TAREFAS

TAREFAS	TRABALHO A SER FEITO	SUPORTE NECESSÁRIO	PRAZO FINAL

Pergunta opcional – Por que isso não dará certo?

Quando ainda nos resta algum tempo — e não estamos completamente exaustos a essa altura —, costumo pedir ao grupo para propor situações ou obstáculos que possam nos impedir de atingir nossas metas. Aqui, o objetivo é prever fatores de risco e, talvez, tomar medidas para evitá-los; ao menos estaremos conscientes de sua possibilidade. É como saber que em uma viagem por estradas secundárias rumo às montanhas você poderá encontrar uma ou duas pontes congeladas. Diante disso, você ficará atento a possíveis situações de gelo na pista, e saberá que medidas tomar se confrontar com esse desafio.

Recapitulação da Pergunta 1 – Que resultados você deseja obter ao final da reunião de planejamento?

A última coisa que faço é apontar para o lugar em que estão afixadas as respostas à pergunta 1 e pedir que cada pessoa reveja sua resposta a essa pergunta. O objetivo disso é confirmar se as metas originais de todos os membros da equipe foram contempladas ou, pelo menos, permitir que eles vejam por que não foram. Depois de um dia de *brainstorming* tão produtivo quanto esse, é raro alguém expressar algum problema não solucionado. Porém, se isso ocorrer, discuta a questão até encontrar uma solução ou então agende um horário para fazer isso.

Assim que recapitular essa pergunta, a adesão ao plano estará oficializada.

As táticas (trabalho a ser feito)

Os resultados tangíveis do processo de planejamento tático são fáceis de identificar. Todos os membros da equipe tiveram oportunidade de expressar suas necessidades e prioridades no presente. Todos tiveram tempo de compartilhar abertamente suas ideias e opiniões sobre a empresa e de dissecar as necessidades do mercado. No papel de líder, cravei uma bandeira no local em que a empresa precisava estar dali a doze meses, mas trabalhei lado a lado com eles para elaborar um plano, não me limitando a simplesmente lhes passar o plano pronto. Ao longo do caminho, todos os acordos identificados e ajustados foram discutidos, facilitando ainda mais a implementação.

Contudo, o que surge com o processo de planejamento tático não é apenas um plano; surge também uma clareza de propósito. No final, identificamos e focalizamos em equipe **o trabalho a ser feito**. E, ao fazê-lo, o processo concretiza uma série de outras coisas extremamente importantes.

Você reforçou a responsabilidade geral de cada membro em relação aos companheiros de equipe e à empresa identificando claramente o papel e as responsabilidades individuais de todos eles. Todos os membros agora conhecem o nível de desempenho que devem ter para que a empresa atinja suas metas. Ter essa consciência também eleva a responsabilidade pessoal de todos os membros de uma maneira extremamente significativa, porque os força a tomar uma decisão profissional básica: ir trabalhar todos os dias e ter um nível de desempenho que permita que a equipe como um todo se saia bem. Desse ponto em diante, não pode haver mais transtornos e ninguém pode começar algo com a intenção de não terminar. Agora, eles estão todos conscientes da necessidade de ir trabalhar todos os dias e dedicar-se totalmente ao desafio.

A maioria aceitará de bom grado o desafio e ficará agradecida por ter essa clareza, alguns precisarão de um pouco mais de persuasão e outros nunca vão aderir. Nesse último caso, está mais do que claro que essas pessoas não querem fazer parte da viagem. Tudo bem. É bom saber desde o início quem vai aderir e quem não vai, porque se essas pessoas estão se sentindo sufocadas agora, imagine como reagirão mais tarde quando a pressão de fato pegar. Confie em mim, é mais fácil fazer ajustes agora do que em algum momento crucial no futuro.

O processo de planejamento tático é também uma ótima maneira de avaliar a quantas anda a liderança dentro da empresa. As diferentes partes do processo lhe oferecem uma oportunidade única para observar e comparar a criatividade e as habilidades de liderança de todos, o que você pode avaliar em seguida com relação ao trabalho a ser feito. Eu observo com atenção os pormenores para confirmar se os líderes da empresa estão realmente liderando durante a reunião de planejamento. Eles estão dispostos e prontos para se envolver em um diálogo franco ou simplesmente esperam receber algum direcionamento da minha parte? Eles estão abertos a novas ideias? As ideias deles são ousadas e tímidas nos momentos certos?

Essas observações são importantes porque se trata de um plano de equipe. Não é um plano só meu. Os membros da equipe precisam apoderar-se dele e se sentirem livres para tocar com vontade o trabalho que lhes foi atribuído. Portanto, não se surpreenda se você vir novos líderes surgindo em sua mente depois de terminada a reunião de planejamento tático. Porque como me disse uma vez um dos meus mentores, Frank Mitchell: **"Você nunca conhecerá os resultados se não observar"**.

Estudo de Caso sobre Planejamento Tático: Ensinamento de uma Diretora Executiva

Jane era diretora executiva de uma empresa de reparos eletrônicos, já com dez anos de existência, que estava experimentando um crescimento de três dígitos depois de ter conquistado dois novos clientes nacionais. Ela precisava muito criar um método para lidar com o crescimento da empresa nos próximo três anos. Diante disso, convocamos os membros de sua equipe administrativa para uma reunião de planejamento tático.

Todos os integrantes da equipe de Jane estavam com ela desde a fundação da empresa, com exceção de uma contratação recente. As funções e responsabilidades dos funcionários já antigos foram aumentadas em consonância com a evolução da empresa. Por isso, eles tinham pouca ou nenhuma experiência formal em gerência fora da empresa. Foi esse o motivo daquela nova contratação: Jane havia identificado uma falha gritante na liderança da área de operações e havia contratado um diretor de operações experiente sessenta dias antes de nossa reunião.

Tanto para mim quanto para Jane, o pouco tempo de permanência de seu novo diretor de operações na empresa era um fator positivo para a reunião de planejamento, porque ter novos olhos atentos à empresa é sempre uma coisa boa. As expectativas de Jane em relação a ele aumentaram ainda mais pelo fato de ter dirigido as operações de uma empresa três vezes maior do que a sua e porque ele parecia estar se adaptando bem a essa nova realidade.

A informação mais positiva do dia foi que — com exceção do diretor de operações — a equipe de Jane havia apresentado um nível de desempenho extremamente alto, o que nos permitiu elaborar um plano excelente. Ao final da reunião, Jane me pediu para esperar porque havia uma pergunta para a qual ela ainda precisava de resposta. Depois que todos saíram da sala, ela olhou para mim e disse, mais como uma afirmação do que como uma pergunta: "Ele não vai conseguir, vai?". Ao que respondi: "Acho que não". Em seguida, ela revelou o quanto havia gasto para contratá-lo, bem como as despesas com sua mudança, e pediu minha opinião sobre o que deveria fazer.

Minha resposta foi objetiva: "Se seu instinto lhe diz que ele não é adequado, então não é uma questão de perguntar **se** você deve substituí-lo, mas **quando** deve fazê-lo. Portanto, quanto mais cedo você apaziguar isso em sua mente, em melhor situação sua equipe estará para tocar o bonde para a frente". Jane ficou se martirizando por mais um mês para tomar uma decisão, mas por fim o exonerou. Sua empresa conseguiu não apenas atender a esses novos clientes, como se tornou uma das principais concorrentes em seu setor.

Embora Jane tenha por fim demitido seu novo diretor de operações, a questão aqui é salientar que corremos o risco de perder pessoas importantes durante o processo de planejamento tático. O perigo real é não saber que temos alguém em um cargo importante que simplesmente não se encaixa. Não apenas você e o restante da empresa precisam ter consciência **naquele exato momento** de que essa pessoa não é adequada, a própria pessoa que não é mais apropriada ao cargo também precisa ter consciência disso **naquele exato momento**. É injusto submeter alguém aos sofrimentos e pressões de uma função inapropriada para seus talentos.

Sempre digo que a água procura seu próprio nível, isto é, a verdade sempre prevalece, o que quer dizer que, no ambiente certo, os integrantes de sua equipe, mais dia menos dia, demonstrarão seu nível real de talento — ou para cima ou para baixo. Tanto você quanto sua equipe devem reconhecer e compreender isso. Como você e sua empresa continuarão crescendo, sua equipe deverá crescer do mesmo, e a melhor maneira de avaliar esse crescimento é comparar seus talentos com um plano factível. Desse modo, você estará mais apto a identificar lacunas em suas habilidades e saná-las, se possível.

Uma excelente reunião de planejamento deve ser simples e descomplicada. Se bem conduzida, será aguardada com ansiedade pelos membros de sua equipe, porque ela passa a ser uma oportunidade para uma discussão aprofundada e de ajustes e organização das respectivas táticas. No final, os membros da equipe estarão em sintonia, mais estimulados e mais focalizados na meta da empresa porque terão identificado **quem**, **o que** e **quando**. Abordaremos o **como** e o **porquê** no capítulo seguinte.

Regras da Estrada

- Não pule as perguntas de 1 a 3 para ir diretamente para o cenário. Seu plano será prejudicado se fizer isso.
- Permitir que cada membro da equipe responda individualmente as perguntas é o segredo para realizar uma excelente reunião.
- Sempre que possível, realize essa reunião fora da empresa e longe da rotina de trabalho diária para que possa se concentrar nas possibilidades.
- Você terá um plano se ele contiver o seguinte:
  - Funções claramente definidas.
  - Autorizações e responsabilidades claramente delegadas.
  - Sistemas e processos.
  - Estrutura de subordinação consentida por todos, com datas.

Para traçar seu plano de viagem, você pode utilizar como suporte algumas ferramentas gratuitas e obter instruções detalhadas no meu site: www.BikersGuidetoBusiness.com.

CAPÍTULO 13

O trabalho a ser feito

Sempre que eu — ou um dos meus clientes — enfrento algum problema aparentemente incontrolável, procuro me concentrar em uma coisa: no **trabalho a ser feito**. Embora isso inclua metas e objetivos gerais, trata-se na verdade dos afazeres do dia a dia que eu preciso terminar para "chegar lá". Percebi que, quando definimos e entramos em acordo sobre o trabalho a ser feito, isso leva as pessoas a agir, reforça a responsabilidade final e estimula o trabalho em equipe.

Centenas de vezes fui procurado para apresentar o que eu poderia chamar de *workshop* sobre formação de equipes. Minha resposta é sempre a mesma; embora eu possa fazer isso com prazer, minha fala se concentra mais intencionalmente no trabalho do que na personalidade. Explico que não vamos dar as mãos, nem subir em árvores e brincar de amparar as pessoas para exercitar a confiança e tampouco subir em cordas como se estivéssemos no jardim de infância. Em vez disso, acredito que é possível formar uma equipe em torno de uma missão e de um propósito. Certamente, naqueles *workshops* que enfatizam mais a importância do toque, todo o mundo se sentirá bem um com o outro, pelo menos por algum tempo. Porém, com o passar do tempo, essas oficinas **perderão totalmente o valor**. Porque estamos falando de negócios, e isso tem a ver com levar a empresa de um lugar a outro rapidamente e lucrativamente. E um grupo se torna uma equipe quando, ao longo do tempo, os integrantes conseguem cumprir a missão da empresa de uma forma eficaz e promissora. As pessoas gostam umas das outras o tempo todo? Isso é sempre agradável e seguro? **De forma alguma!** Construir uma grande empresa é um trabalho árduo. É também um trabalho que exige um esforço inacreditável.

Qualquer grande missão tem os seguintes elementos distintivos:

- Visão e direcionamento inequívocos para a empresa.
- Metas específicas e compreensíveis para o grupo e individual.
- Uma estratégia que defina claramente de que modo essas metas serão alcançadas.
- Canais de comunicação já consolidados.
- Oportunidades de crescimento tanto corporativo quanto pessoal.

Qualquer insuficiência em uma dessas áreas obrigará a equipe a suar a camisa. Não estou dizendo que em algum momento você não vá chegar aonde deseja, mas essa jornada não será fácil.

Com relação à importância do trabalho a ser feito e do respectivo motivo, na maioria das vezes pergunto: "E as pessoas?". Bem, há muito tempo aprendi com um professor da faculdade, e tive também oportunidade de comprovar isso ao longo da vida, que, se nos concentrarmos no desempenho, as pessoas conseguem tomar conta de si mesmas.

Pense em termos de uma equipe esportiva bem-sucedida. Cada jogador tem uma função e uma missão. Se os jogadores não tiverem um bom desempenho, ou o time inteiro dará o sangue ou todos perderão. Nas equipes verdadeiramente boas, toma-se uma decisão pessoal levando-se em conta a função de cada integrante. Aliás, isso normalmente acaba parecendo frio e hostil, em especial quando a equipe corta alguém que tenha tido um bom desempenho no passado. Mas o foco nesse caso encontra-se no futuro e na vitória, e em ganhar na frente de uma grande plateia. A pressão externa é intensa, porque os fãs estão observando. E eles só percebem e se importam com uma coisa: o placar final. Os fãs não sabem se o marido ou a mulher de um jogador está doente ou se o jogador ficou acordado a noite inteira com um filho doente, o que influiu negativamente em seu desempenho. E eles na verdade não se importam, porque, independentemente das distrações externas, os jogadores têm um trabalho a ser feito e o desempenho de cada um, ou a falta desempenho, fica claramente visível a todos que estão assistindo.

Contudo, alguém me disse que isso não é bem assim no mundo dos negócios. Nosso desempenho não fica tão visível e não é tão fácil de perceber. E reajo a isso com um "Hem?". Não existe outro jogo mais acirrado de "ganhar ou perder" do que os negócios. Ficar em segundo lugar significa simplesmente perder para o primeiro lugar. Nesse caso, você pode até não estar mostrando o que você faz para seus fãs em um campo ou em uma quadra, mas o espetáculo que você apresenta é tão importante quanto. Ou você consegue o serviço — e fecha uma venda — ou não. Não há meio-termo.

E mesmo que você ache que não há tantas pessoas assim observando, lamento, mas discordo. Todos os membros da equipe estão vendo. Eles sabem quem está fazendo sua parte e quem não está. Sem dúvida eles vão cooperar e apoiar os outros quando necessário, mas isso é uma exceção. Ao longo do tempo, qualquer membro da equipe que estiver fazendo as vezes do outro começará a se ressentir dessa pessoa e em algum momento deixará de fazer parte de seu próprio trabalho se nada for feito a respeito. É aquela velha situação do "elo mais fraco da cadeia", e se você estiver notando desempenhos medianos em sua equipe, talvez precise apartar aqueles que não estão fazendo sua parte.

Não obstante, nesse caso há um problema bastante sutil. Nem sempre é fácil determinar quem está se esquivando de sua responsabilidade. Pode ser alguém que, à primeira vista, esteja demonstrando esforço, mas esteja aquém das expectativas quanto aos resultados. Você gosta da personalidade dessa pessoa e de seu grande empenho, e tenta ao máximo ajudá-la, mas o desempenho dela simplesmente não é adequado. Diante disso, você se volta para aqueles os bem-sucedidos e os pressiona mais ou exige mais deles. Você volta para casa à noite se sentindo bem porque tentou salvar a pele dessa pessoa, mas os seus melhores realizadores vão para a casa se sentindo um lixo porque tiveram de empurrar uma carga maior do que deveriam. No *happy hour*, eles se sentam e ficam lá a ruminar ou a se lamentar, perguntando-se quando é que você vai acordar e ver o que essa pessoa realmente é — um peso morto.

Quando isso ocorre, uma de duas coisas na certa vai acontecer: ou os seus melhores realizadores começarão a apresentar uma queda de desempenho (afinal de contas, está comprovado que você aceita a mediocridade) ou não vão mais querer ser pressionados. De acordo com minha experiência, os melhores realizadores não saem de uma boa empresa — elas abandonam dirigentes ruins. Pense sobre isso na próxima vez em que perder um excelente funcionário. A pessoa dirá algo bacana quando estiver saindo, como "Não, aqui é um lugar excelente. É que recebi uma proposta muito boa para ser recusada". Mas isso, meu amigo, é um exemplo típico do eufemismo "Não é você, sou eu"; o tempo todo, tanto você quanto o funcionário que está saindo sabem que a questão na verdade é *você*.

Para não perder funcionários promissores, você precisa ser proativo. Se os não-realizadores já estão a bordo por algum tempo, é óbvio que há algum problema com eles e não com você. Sim, nós, empreendedores, costumamos criticar até a morte os resultados de nossas decisões, ponderando se oferecemos a tal pessoa treinamento e ferramentas suficientes. Pare com isso! A menos que você seja um padre, *não* é seu dever salvar ninguém. Empresa tem a ver com desempenho e nada mais ou, como me disseram certa vez: "Não quero saber o quanto eles deram duro; só quero saber o que eles fizeram." Afinal de contas, essa talvez seja a única coisa com a qual seus clientes se importam.

Provavelmente, o melhor e mais extremado exemplo da importância do desempenho profissional é a experiência do meu amigo Ken. Fundador e diretor executivo de uma operação de noventa lojas, Ken aprendeu duras lições sobre pessoas ao desenvolver sua empresa. Ele a viu crescer rapidamente logo no início, mas posteriormente a viu ir abaixo de uma maneira drástica. Depois de investigar exaustivamente o motivo, conseguiu perceber que o crescimento de sua empresa havia **ultrapassado as capacidades** de seus funcionários. E, em uma atitude louvável, ele não apenas procurou encontrar pessoas mais experientes — ele buscou encontrar as pessoas **certas**.

Ken investigou o que as empresas mais lucrativas estavam fazendo, incorporou essas informações em seu processo de contratação e treinamento e o personalizou às suas necessidades. Agora, já passados vários anos, sua empresa está experimentando um crescimento maciço e tornou-se a mais lucrativa em seu setor, com ampla margem.

Não estou contando essa história para ressaltar o método de contratação utilizado por Ken, mas para analisar os critérios que utilizou e o comprometimento que ele imprimiu em tudo isso. Com um bom processo em vigor, Ken sabe com certeza que, quando ele contrata a pessoa certa, investe em seu treinamento e oferece os recursos apropriados, essa pessoa produzirá um determinado valor em receita. Levando em conta o tempo de trabalho e a experiência do funcionário, ele sabe o que esperar com relação a desempenho e lucratividade, além de impor rigorosamente esses critérios a seus funcionários.

Esses critérios nunca se evidenciaram tanto quanto em uma conversa que eu e ele tivemos pouco tempo atrás. Um de seus principais gerentes regionais, que havia sido o melhor durante três anos consecutivos, atingiu uma curva descendente. Depois de sessenta dias, Ken o chamou à sua sala para averiguar o motivo. Eram problemas pessoais, e embora Ken tenha se compadecido, sabia que precisava continuar tocando a empresa. Sabia também que os demais funcionários estavam observando.

Mas saiba que Ken cuida muito, mas **muito** bem de seu pessoal. Ele paga os salários mais altos e tem o melhor plano de benefícios em seu setor. Além disso, o âmbito de controle de seus gerentes é o menor, o que significa que em vez de supervisionar de nove a dez lojas, como é usual, eles gerenciam no máximo cinco. Isso lhes permite supervisionar tudo de perto, um dos motivos pelos quais sua empresa é tão lucrativa.

Portanto, com isso em mente, Ken olhou para esse gerente regional e disse: "Você tem trinta dias para ficar em casa e tentar resolver seu problema e também decidir se quer voltar e trabalhar com o nível de desempenho que a empresa precisa. E visto que você desapontou a equipe, vou analisar enquanto isso se é ou não apropriado tê-lo de volta."

Uau, lá estava ele, o gerente de mais alto desempenho de Ken por três anos consecutivos. E ele estava apresentando um declínio havia apenas sessenta dias, mas foi colocado imediatamente no banco de reservas. Seria capaz de apostar que **99,9%** de todos os diretores executivos nunca nem mesmo se importunariam em ter uma conversa desse tipo com um funcionário, muito menos em colocá-lo no banco de reservas. E como provavelmente você deve estar imaginando, esse gerente voltou trinta dias depois, prometendo melhorar seu desempenho, mas Ken não cedeu e o deixou ir embora.

Isso surpreendeu até mesmo a mim, mas Ken me esclareceu seu raciocínio: "Eu tive de olhar para a equipe como um todo, e o risco de que ele voltasse e não tivesse o desempenho esperado era muito grande. Meus instintos me disseram que ele não fazia mais parte do jogo — então, por que protelar o inevitável? Eu tinha a equipe mais bem treinada, mais agressiva e mais promissora do setor. Isso significa que eu também tive de me preocupar em não minar minha postura em relação ao desempenho, e decidi que simplesmente não valia a pena mantê-lo. Afora isso, meu banco de reservas é grande, e a pessoa que o substituiu está ampliando sua área para lugares que outro cara simplesmente não conseguiria."

Eu sei que muitos leitores vão achar a decisão de Ken de demitir esse gerente regional um tanto radical, e certamente é. Entretanto, isso não significa que ela seja **errada**. Na verdade, essa nossa reação de choque mostra o quanto estamos longe de estabelecer o que é excelência, e evidencia nossa disposição em aceitar um desempenho mediano. Não devíamos aceitar isso nunca. E a filosofia do "trabalho a ser feito" não se centra apenas no desempenho geral da equipe. Ela se preocupa também em colocar as pessoas no lugar certo dentro da empresa. Por isso, dentre todos os princípios, talvez seja o mais importante. Se souber com certeza o que é necessário fazer, poderá determinar mais devidamente se as pessoas que estão executando um trabalho são as mais adequadas para isso — em todos os níveis.

Estudo de Caso de Liderança: Acontece nas Melhores Famílias

Alguns anos atrás, fui procurado pelo mais novo dos três irmãos que haviam herdado do pai uma empresa bastante promissora. Eles estavam enfrentando um problema muito comum. Quando o pai saiu, fez o que a maioria dos empresários faz em casos como esse. Passou o principal cargo da empresa, a direção executiva, a Walt, seu **filho mais velho**. O problema nesse caso era que Walt sem dúvida estava atravessando uma situação difícil, pois havia se divorciado recentemente. Ele também havia praticamente se afastado da gestão e liderança diária da empresa, deixando isso a cargo de seu irmão do meio, Sam. Além disso, não se sentia bem para tomar decisões importantes, porque no ano anterior ele havia se relegado a dirigir uma filial distante da empresa, a 160km de distância. Isso provocou grande confusão não apenas dentro da própria empresa, mas também externamente, entre os clientes.

Tanto Sam quanto o irmão mais novo, Terry, também diretor na empresa, perceberam o perigo em consentir que aquela situação continuasse. Estavam desesperados para mudar a estrutura de liderança oficial, mas queriam fazer isso de uma forma que poupasse seu relacionamento enquanto irmãos. Contudo, isso se mostraria bem mais ardiloso do que se previa. Na noite em que peguei um voo para me encontrar com os irmãos, Walt resolveu não jantar conosco para levar sua namorada a um concerto de *rock*, deixando Sam e Terry transtornados e frustrados. Eles haviam trazido alguém que atravessara metade do país para ajudá-los a lidar com um problema que estava se tornando cada vez mais crítico e o terceiro irmão os abandonou ali para passar uma noite na cidade com sua namorada!

Utilizamos o tempo durante o jantar para analisar nossa principal meta: ajustar a estrutura hierárquica superior da empresa. Ambos concordaram que Sam deveria ser o diretor executivo porque Walt havia basicamente abdicado dessa função um ano antes. Essa era a parte fácil. Eu estava ali porque já havia ajudado a reestruturar outras empresas familiares sem destruir a família. Nesse caso, a missão era patente: pôr a empresa em ordem e, ao mesmo tempo, manter intacto o relacionamento entre os irmãos. Não havia dúvida de que Sam e Terry amavam Walt e precisam solucionar tudo de uma maneira que gerasse o menor conflito possível.

Eu lhes prometi que daria o melhor de mim e passei a conversar sobre a empresa. Perguntei onde eles achavam que a empresa deveria estar no prazo de três a cinco anos. Passamos o resto do jantar conversando sobre o posicionamento e as metas da empresa, temas que serviriam como fundamento para nossa discussão no dia seguinte.

Nesse dia nos encontramos em outro lugar, bem longe das distrações da empresa. Walt estava atrasado, naturalmente, mas não tanto. Comecei apresentando as normas básicas para aquele dia e enfatizei que aquilo era para o **bem da empresa** — e apenas isso. Todas as questões pessoais não estavam em jogo e seriam discutidas somente depois que nossa missão se cumprisse.

Abri então a reunião para uma discussão de trinta minutos, para que os irmãos ficassem à vontade para colocar na mesa qualquer questão que nos haviam levado até aquele ponto. A discussão foi sincera e direta, mas houve no percurso várias cotoveladas de cunho pessoal. Àquela altura, permiti que eles trocassem essas cotoveladas porque sabia que não conseguiriam manter a conversa apenas no tom impessoal; afinal de contas, **eram** irmãos.

Aquela era também a primeira vez em que ouvia a opinião de Walt, que parecia um pouquinho cansado em virtude das festividades da noite anterior. Sem precisar entrar muito em detalhe, percebi imediatamente que ele estava em outra sintonia. O ego é um impulso forte e, embora Walt soubesse que ele não estava dirigindo ativamente a empresa, sem dúvida não queria renunciar ao cargo de diretor executivo em favor de seu irmão mais novo.

Nesse momento, apresentei o cenário em que a empresa deveria estar no prazo de três a cinco anos, com base na conversa que tive com

Terry e Sam na noite anterior. Discutimos o cenário em equipe e o transformamos em uma visão absolutamente clara, com a qual todos concordamos. Em seguida, comecei a dividir o cenário em projetos — na verdade, o trabalho a ser feito —, permitindo que indicassem as responsabilidades funcionais de cada um associadas a cada projeto. Depois de duas horas de discussão, já se tornava evidente quem era o principal dirigente da empresa — mais importante, quem **deveria** ser. Todas as obrigações do alto escalão ficam naturalmente a cargo de Sam, ou porque ele já cumpria essas funções ou porque elas se encaixavam em suas áreas de responsabilidade.

Foi nesse momento da reunião que Sam atingiu Walt com um golpe verbal, perguntando-lhe sem rodeios por que ele não assumia o cargo de diretor executivo. Walt respondeu de uma maneira surpreendentemente arrogante: "Cargo não significa merda nenhuma para mim, e você pode ficar com esse maldito cargo que eu não me importo." Reagi rapidamente e disse: **"Acabou! Obrigado, Walt."**

Em seguida, me dirigi a Sam e perguntei: "Agora que tudo está estabelecido, de que forma avançaremos e anunciaremos tudo isso à empresa?". Terry entendeu imediatamente o que eu estava fazendo e começou a entrar na conversa dando ideias e sugestões, deixando Walt lá sentando e se perguntando que diabo havia acabado de acontecer. Acho que Walt estava totalmente convencido de que travaria uma luta verbal com Sam, mas quando tirei do ar com veemência o assunto sobre o cargo e me dirigi a Sam, eliminei qualquer possibilidade de isso ocorrer.

Passamos o restante da reunião preparando o pronunciamento de Sam à equipe administrativa durante nossa conferência no dia seguinte. Walt ficou meio chocado no restante do dia e acabou explodindo durante o jantar, levantando-se da mesa do restaurante sem comer. Mais do que depressa o levei para fora e lhe perguntei se faria o favor de me apanhar no dia seguinte e me levar para a reunião. Ele concordou. Voltei à mesa, onde Sam e Terry já se perguntavam se havíamos feito a coisa certa. Afinal de contas, disseram eles, prefeririam perder a empresa a perder o irmão.

Prometi a eles — mais com esperança do que com certeza — que as coisas ficariam bem no dia seguinte, e na verdade ficaram. Aproveitei o tempo que passei com Walt no carro naquela manhã para ter uma conversa de quarenta minutos (o motivo que de fato me levou a lhe pedir uma carona para a reunião), na qual ele finalmente admitiu sua situação real. Há meses ele sabia que isso aconteceria, e decidir esses pormenores lhe tirou um peso dos ombros. A única coisa que lhe restava fazer naquele momento era encontrar seu verdadeiro lugar na empresa, além da posição de proprietário.

Infelizmente, quando retornei alguns meses depois para liderar uma reunião de planejamento tático de dois dias com toda a equipe administrativa, eles ainda lutavam contra a falta de produtividade de Walt. Entretanto, a boa notícia era que a empresa estava florescendo a olhos vistos nas mãos de Sam. A equipe administrativa não tinha mais dúvida sobre quem deveria conduzir a empresa, e eles tudo estava indo de vento em popa.

Walt saiu da empresa alguns anos depois; ele nunca parece ter conseguido encontrar seu verdadeiro lugar. Mas o relacionamento entre os irmãos permaneceu intacto e sólido como sempre, porque Walt, Sam e Terry foram capazes de **separar** o **pessoal** e o **profissional** concentrando-se no trabalho a ser feito. Afinal de contas, nunca se deve comprometer o bom desempenho.

Regras da Estrada

- Privilegie o desempenho e não a personalidade — tudo gira em torno do trabalho.
- Coloque o talento certo no lugar certo.
- As pessoas ficam mais contentes quando estão na função certa e têm bom desempenho.

CAPÍTULO 14

Comunicação
O combustível do alto desempenho

A capacidade de um grupo de obter alto desempenho ao implementar um **plano tático** está associada à sua capacidade de se comunicar **bem**. Em uma longa viagem de moto, fazemos isso com gestos manuais ou conversando com o grupo nas paradas para abastecimento. Na empresa, fazemos isso principalmente por meio de reuniões.

Mas vamos encarar os fatos: ninguém gosta de reuniões.

Vá a qualquer empresa e pergunte que grau de eficácia têm as reuniões. É provável que você ouça murmurinhos contra a perda de tempo. Entretanto, não há como evitá-las; **você precisa se manifestar**. O segredo é como — e por quê.

Neste capítulo, falarei sobre três categorias principais de reunião, contra o que é necessário se precaver e como e quando utilizar cada uma, porque nenhuma reunião é realizada de forma idêntica. Mas antes disso, analise e responda as seguintes perguntas:

- Você acha que as reuniões são um mal necessário?
- Você e seus colegas consideram as reuniões um desperdício de tempo, pois só são convocadas para discutir o último incêndio que alastrou por toda a empresa?
- Uma reunião entre dez pessoas se transforma em uma conversa entre duas ou três pessoas, enquanto o restante da equipe fica sem saber até mesmo o que está fazendo lá?

- Vocês acabam naquele famoso buraco porque se desviaram sensivelmente da rota em uma reunião em que ninguém se lembra por que na verdade vocês se reuniram?

Se você for como 99 das empresas em uma amostra de 100, terá respondido sim a uma ou a todas as perguntas anteriores. E não há nada de mal nisso. Ao longo da minha carreira, acabei constatando que **detestamos** e **evitamos totalmente as reuniões** porque na realidade poucos tiveram oportunidade de aprender o método e o motivo apropriado das reuniões de negócios. Tente se lembrar do primeiro treinamento que recebeu quando colocou os pés pela primeira vez no mundo empresarial. Alguém se preocupou em prepará-lo e ensiná-lo a fazer uma reunião? Aposto que a resposta é não, e esse é o motivo por que os profissionais e as empresas normalmente tendem a se contorcer nessa área. Infelizmente, na maioria das empresas, o método em geral utilizado para divulgar um plano se resume a distribuí-lo a todos os funcionários presentes na reunião e supor que eles sejam capazes de implementá-lo, sem considerar devidamente ou ignorando por completo a possibilidade de uma comunicação de acompanhamento. Afinal de contas, o plano foi claramente apresentado. O que mais eles poderiam precisar para colocá-lo em prática?

Essa é uma suposição perigosa, e normalmente pode levar ao **drama da estratégia** discutido no Capítulo 5. A realidade é que, tendo estabelecido suas táticas, você tem de implementá-las por meio de uma série de reuniões, porque é nas reuniões que ocorre a verdadeira **pilotagem**. Você precisa dedicar um tempo para manter sua equipe no rumo certo e possibilitar que os membros da equipe se comuniquem entre si. As reuniões que são planejadas cuidadosamente também podem oferecer outros benefícios aos funcionários, como *coaching* individualizado, mentoria e treinamento sobre aquelas habilidades de raciocínio crítico sempre difíceis de assimilar. Sei que provavelmente você deve estar pensando: "Caramba, nas atuais circunstâncias, não tenho tanto tempo assim ao longo do dia. A última coisa que tenho é tempo para lhes estender a mão." Contudo, aqui, o fator preponderante é que o seu nível de desempenho será determinado pelo grau de comprometimento seu e de seus colegas para com essas reuniões.

Na minha opinião, existem somente três categorias de reunião nas empresas e, acredite ou não, é bem provável que você já participe delas. O problema é saber se você está usando essas reuniões da forma correta e no momento certo. Vejamos quais são:

- Reuniões de grupo
- Reuniões não programadas
- Reuniões individualizadas

Descreverei cada uma delas detalhadamente.

Reuniões de grupo

A **reunião de grupo**, segundo minha definição, é aquela em que três ou mais pessoas se reúnem para discutir vários assuntos. Essas reuniões são necessárias e importantes e seu objetivo é obter informações de várias pessoas ao mesmo tempo. Elas devem ser abrangentes por natureza e não devem ultrapassar os 1.500 metros de profundidade, isto é, não devem se atolar em detalhes e conversas-fiadas. O problema é que elas raras vezes, quando muito, ocorrem como deveriam.

Quantas vezes você entrou para uma reunião sem nenhuma pauta, conduzida por um locutor que força todos a ouvi-lo enquanto discursa fastidiosamente sobre o seu último aborrecimento? E quantas vezes você já entrou para uma reunião de dez integrantes que acaba em uma conversa entre dois ou três a respeito, unicamente, deles mesmos. Enquanto isso, o restante do grupo fica se perguntando quando é que aquilo vai acabar. Em ambas as reuniões, em algum momento, todos começam, um por um, a **sair mentalmente da sala** ou então a reunião acaba se perdendo e se transforma em uma sessão de protestos e broncas que não leva a lugar algum. Isso não lhe parece familiar?

Lembro-me de ter trabalhado para um cliente temporário que realizava reuniões semanais para conversar sobre produção e outros problemas. Nas primeiras entrevistas com os gerentes, pedi a opinião deles sobre a eficácia das reuniões. Dentre cinco, três me pediram para **"serem poupados"**.

Todos achavam as reuniões necessárias; infelizmente, elas eram sempre movidas pelo assunto mais quente da semana porque os gerentes nunca haviam criado uma pauta. E o tema quente daquelas últimas três semanas havia sido "Quem precisa esvaziar e limpar a geladeira."

Isso já lhe aconteceu? Vamos lá, seja honesto. Todos nós já participamos de reuniões desse tipo. Basta substituir a palavra **geladeira** por outra coisa qualquer e verá que é provável que já tenha participado de uma dessas reuniões. E é também provável que, em alguma ocasião, você mesmo tenha conduzido uma reunião desse tipo. Afinal de contas, a reunião é **sua**, você está chateado e, por Deus!, você precisa desabafar. Você tem o poder, então você pode.

Infelizmente, você também está desperdiçando uma quantidade incrível de produtividade, tempo e, mais importante, direcionamento. Portanto, de que forma você coloca essas reuniões de grupo novamente nos trilhos?

Tudo se principia com um **plano tático**, porque, a bem da verdade, você está se reunindo para acompanhar e discutir a implementação desse plano. Para que tudo continue andando para a frente, deve haver pelo menos algumas reuniões mensais de acompanhamento em que os líderes dos principais grupos reúnam-se em uma mesma sala para conversar sobre os avanços. Recomendo a princípio reuniões semanais, porque assim você sempre poderá estender o tempo entre as reuniões se sentir que isso é conveniente. Porém, para jogar a seu favor, seja mais rigoroso no início, porque é mais fácil afrouxar as rédeas do que apertá-las.

Um ponto crucial a ser lembrado é que é nessa reunião que **você** precisa perceber a quantas anda sua equipe em relação ao plano. Portanto, **sua** função é de facilitador. Isso significa que você deve se limitar a manter as conversas no rumo certo, mas isso não pode atrapalhar sua percepção. Estabeleça o horário, comece na hora, termine na hora e não ultrapasse uma hora! Os atrasos penalizam aqueles que chegam na hora e acabam fazendo com que suas reuniões comecem cada vez mais tarde — e com o tempo isso pode afetar sua programação no restante do dia.

A pauta deve ser simples e procurar verificar se o **plano tático** está adequado ao dia a dia da equipe na empresa e a reunião deve ser projetada para acompanhar acuradamente o avanço da equipe. Ao longo da reunião, as interações entre os participantes devem ser breves, ater-se ao assunto e ter um alto nível, mas não devem ser muito detalhadas, a menos que estejam discutindo um problema específico e formulando uma solução. Você precisará disciplinar você e sua equipe para finalizar a reunião pontualmente; em pouco tempo você começará a perceber que conversas paralelas devem ser interrompidas e deixadas para outra reunião, para outro horário ou, como costumamos dizer, para uma interação *off-line*.

Apresento em seguida uma pauta de exemplo. Com base nela, você pode amoldar suas próprias reuniões. À medida que perceber melhor suas necessidades e disposições, poderá aprimorar esse modelo, que é apenas um ponto de partida.

Agora, analisaremos cada uma das seções da reunião.

Seção I: Atualização de informações da equipe

A melhor maneira de evitar que um único locutor domine a reunião é fazer com que todos os participantes preencham o formulário de atualização (veja a página 131) antes da reunião e recapitular esse formulário com todos os integrantes durante a reunião. (Todos devem distribuir uma cópia de seu formulário a todos os membros da reunião.) O objetivo desse formulário é possibilitar que todos discutam rapidamente o que ocorreu em sua área desde a última reunião. Os membros da equipe se apresentam, cada um à sua vez, momento em que é possível fazer algumas poucas perguntas, e discutem os seguintes itens:

Equipe Administrativa
Pauta da Reunião

Data: _____ Hora: _____

I. **Atualização de informações da equipe**
(Veja formulário de atualização na página 131.)
- Gerente 1
- Gerente 2
- Gerente 3

II. **Problemas a serem discutidos**
- Problema 1
- Problema 2

III. **Itens auxiliares diversos**
- Item 1
- Item 2

IV. **Conclusão**
- Data da próxima reunião
- Datas das reuniões individualizadas
- Atribuições
  - Atribuição 1
  - Atribuição 2
  - Atribuição 3

Qual é a melhor coisa que te aconteceu desde a última reunião?

Esse item possibilita que o gerente se vanglorie de seus funcionários, iniciando a reunião de uma maneira otimista. Entretanto, se um determinado membro da equipe não tiver nada a relatar, é recomendável se reunir com esse indivíduo posteriormente para avaliar mais a fundo os motivos.

Quais são suas principais prioridades? Em que você está centrado no momento?

As respostas a essa pergunta lhe permitem compreender melhor as prioridades de cada um de seus colegas e fazer os ajustes necessários. Além disso, ajudam a identificar com maior precisão o suporte e os recursos que talvez sejam necessários para concluir as atribuições.

O que você conseguiu realizar desde a última reunião?

Esse item lhe dá oportunidade de identificar as linhas de chegada que já foram cruzadas. No dia a dia das empresas, é muito frequente concluir um serviço e imediatamente pular para outro sem ao menos saborear e celebrar o que foi concretizado.

Quais problemas estão se interpondo em seu caminho?

Este é o momento em que os membros da equipe revelam os desafios que estão enfrentando no dia a dia. Isso possibilita que cada um perceba o que está ocorrendo nos demais departamentos e ajuda cada um a determinar como e quando devem contribuir e auxiliar.

Qual é a melhor coisa que você gostaria que ocorresse até a próxima reunião?

Essa parte é até certo ponto óbvia: os membros da equipe identificam as atribuições e metas que desejam concretizar antes da reunião seguinte. Isso pode ajudar tanto você quando os demais participantes a focalizar a prioridade principal de cada um.

Dê cinco minutos para que cada um apresente essa atualização, evitando ao máximo possíveis questionamentos e interrupções por parte do

Equipe Administrativa
Atualização

Nome: _____   Data: _____

Melhor coisa que lhe ocorreu desde a última reunião:
_____

Principais prioridades:
- _____
- _____
- _____
- _____
- _____

Concretizações:
- _____
- _____
- _____
- _____
- _____

Questões diversas:
- _____
- _____
- _____
- _____
- _____

Melhor coisa que você gostaria que ocorresse até a próxima reunião:
- _____
- _____
- _____
- _____
- _____

restante da equipe. Dessa forma, conseguirá identificar o tempo exato de duração das próximas reuniões; por exemplo, se houver seis pessoas, serão necessários em torno de 30 minutos para concluir a seção de atualização.

Lembre-se de que nas primeiras reuniões talvez você tenha de se esforçar para conseguir ao menos chegar ao final das atualizações. Isso é absolutamente normal; você está estabelecendo um novo parâmetro e um novo método de compartilhamento de informações. Com o tempo, essas atualizações serão feitas mais rapidamente, e você verá que cada uma levará, em média, menos de cinco minutos para isso, o que lhe dará mais tempo para abordar os problemas.

Seção II: Problemas

Nunca — é necessário repetir —, **nunca** aborde **mais de dois problemas** por reunião. O ideal seria abordar apenas um. **Por quê?** Tenho certeza de que a pauta de suas reuniões tem uns dez itens e que você consegue abordar apenas brevemente cada um deles. Se passar rapidamente pelos assuntos deixará todos frustrados e com a sensação de quero mais. Entretanto, se examinar cada um deles a fundo, a reunião pode acabar durando até quatro horas e atrapalhar a programação de todo o mundo no restante do dia. Lembre-se de que nesse mundo de déficit de atenção, você realmente está tentando superar os limites de compreensão e atenção no espaço de uma hora, e sem dúvida você atingiu o ponto de rendimento decrescente na marca de 90 minutos. Portanto, para manter as reuniões abaixo desses limites de tempo, você deve extrair rapidamente as principais informações relativas aos problemas e controlar o maior ladrão de tempo de todas as reuniões: **as perguntas**. Não me leve a mal; eu adoro perguntas e sei que elas são fundamentais para a compreensão do grupo. Mas você deve encontrar uma forma de restringi-las.

A melhor maneira de abordar os problemas é primeiro possibilitar que um membro da equipe apresente-os por escrito usando os **Três Qs do Raciocínio Crítico**, estrutura que atende a um importante desígnio. Ao solicitar que esse membro apresente claramente um problema, em cinco minutos ou menos, essa estrutura basicamente obriga o apresentador a buscar uma solução para aquele problema antes da reunião. Se os membros da equipe usarem essa estrutura de forma correta, eles apresentarão os problemas unicamente por três motivos: para avaliar se eles deixaram alguma coisa passar, para analisar o próprio raciocínio e para divulgar ao restante da equipe quais serão suas condutas.

Os Três Qs do Raciocínio Crítico

Qual é o problema?
(Isso pode ser abordado em uma ou duas sentenças.)
- Explique como e por que você chegou a essas bifurcações. Inclua (quando apropriado) o seguinte:
  - Breve histórico dos acontecimentos até a situação atual
  - Recursos e limitações
  - Impacto financeiro do problema
  - Possíveis consequências a longo prazo e prós e contras
  - Dados diversos relacionados ao problema
- Indique o enfoque do problema (estratégico, financeiro, operacional ou organizacional).
- Inclua o resultado mensurável de ter abordado o problema com êxito.

Quais são as alternativas?
(São os métodos que você está examinando e avaliando para abordar o problema.)
- Ao elaborar este plano, busque novas alternativas.
- Relacione várias alternativas diferentes. Inclua aquelas cujos imprevistos sejam óbvios; talvez haja alguma forma de fazê-las funcionar.
- Indique a alternativa que você considera melhor e o motivo.

O que você recomenda?
(Descreva a medida corretiva que você deseja implementar.)
- Inclua o seguinte:
  - Pesquisas adicionais programadas
  - Cronograma de metas
  - Nível de prioridade do problema
- Inclua um plano detalhado, se disponível, para ser analisado pela equipe.
- **Observação importante:** Os pormenores do plano de ação devem ser descritos depois que se obtiver o *feedback* da equipe.

Verifique se todos os membros receberam um resumo escrito de cada exposição, para que possam acompanhar e fazer anotações enquanto o apresentador lê sua apresentação para o grupo.

Depois que o apresentador abordar os Três Qs, você pode intermediar a discussão sobre o problema de acordo com os procedimentos para o *feedback* (veja a página 150).

O processo é o seguinte:

- O apresentador lê o problema para o grupo.
- Passe a palavra, para perguntas apenas — não deve haver nenhum *feedback* nem perguntas com algum *feedback* implícito.
- Assim que todas as perguntas foram feitas e respondidas, todos os membros devem ficar em silêncio por três minutos para anotar seu *feedback*.
- Todos os membros leem seu *feedback* para o apresentador, que deve ficar em silêncio durante esse tempo e tomar nota das sugestões de cada membro.
- Assim que todos os membros derem seu *feedback*, abra a reunião para discussão. O apresentador agora pode fazer mais perguntas para fundamentar alguma ideia.
- Por último, pergunte ao apresentador quais das sugestões ouvidas ele não pretende usar para resolver o problema. Isso lhe dá uma clara visão das futuras ações desse membro e uma ideia das ações e dos resultados pelos quais ele deve se responsabilizar.

A vantagem dos Três Qs e dos procedimentos para o *feedback* é que você está estabelecendo um método de raciocínio crítico e de resolução de problemas para a sua equipe. Trabalhando em conjunto, os membros da equipe começam a perceber com maior clareza os desafios que eles enfrentam individualmente e enquanto equipe. Esse processo torna o grupo mais coeso e aumenta o profissionalismo à medida que o plano é tocado adiante.

Procedimentos para o *feedback*

Apresentador
- Leia os Três Qs de seu problema rápida e desembaraçadamente.
- Responda todas as perguntas de maneira clara e concisa.
- Use o tempo em que os demais membros permanecem em silêncio para rever seu problema e refletir sobre as áreas que você tem interesse em receber *feedback*.
- Ouça o *feedback* de cada integrante da equipe sem fazer nenhum comentário. Escreva suas ideias e anote qualquer comentário que venha a querer fazer em relação ao *feedback*.
- Seja receptivo; evite ficar em posição de defesa.
- Depois que todos os membros apresentarem suas percepções e indagações, você pode contestar e debater sobre o *feedback* específico que recebeu.
- Faça um resumo das ideias que você ouviu cujo impacto é maior. Estabeleça a medida que será tomada em consequência do *feedback*.

Demais membros
- Ouçam cuidadosamente os Três Qs. Solicitem quaisquer informações adicionais necessárias para dar seu *feedback*.
- Durante o tempo em que ficarem em silêncio, anotem o *feedback* em relação a todas as ideias.
- Analisem as áreas específicas do plano:

Problema: *Essa é a meta correta? O membro em questão está focalizando na verdade um sintoma e não um problema real? Ele identificou recursos e limitações? Alguma área precisa de pesquisas adicionais? Está faltando alguma coisa?*

Alternativas: *Essas são as únicas alternativas? É necessário pensar inovadoramente.*

Recomendação: *O que o membro deve fazer em primeiro lugar? Que informações complementares serão necessárias em reuniões subsequentes?*

- Levem em conta também as seguintes perguntas:
  - *Quais são as consequências a longo prazo desse problema, tanto positivas quanto negativas?*
  - *De que modo esse problema afeta o produto, os funcionários e os clientes?*
  - *Que aspecto emocional esse problema apresenta para o membro em questão?*
- Transmitam brevemente seus comentários e sintam-se à vontade para compartilhar experiências em comum.
- Apresentem todo e qualquer *feedback*, mesmo se estiverem repetindo o que outro membro falou e mesmo se perceberem que há uma falha evidente no *feedback* em questão. Talvez outra pessoa veja uma saída para fazê-lo funcionar.
- Ouçam os membros que se apresentarem antes de vocês e utilizem as ideias deles como base.
- Compartilhem toda e qualquer ideia adicional na fase de discussão.

Seção III: Itens auxiliares diversos

É nessa fase que os itens auxiliares de interesse são introduzidos, se o tempo permitir. A discussão sobre esses itens pode trazer à tona um problema futuro ou outros fatores de importância, como ausências, feiras comerciais e assim por diante, que podem afetar a equipe no futuro.

Seção IV: Conclusão da reunião

Já perdi a conta do número de reuniões das quais participei e nas quais ao final todo o mundo simplesmente levanta e sai sem nenhuma conclusão apropriada. Para averiguar se todos estão de fato em sintonia, utilizo as seguintes táticas:

- Utilize os últimos cinco minutos da reunião para recapitular o que foi discutido.
- Marque ou relembre a data da reunião seguinte para que todos se lembrem de comparecer.

- Agende todas as reuniões individualizadas que porventura se mostrarem necessárias em virtude das discussões.
- Repasse todas as tarefas que foram atribuídas.

Lembre-se de que as reuniões são **produtivas** porque são conduzidas com uma mentalidade voltada para a produtividade. A reunião deve ser estabelecida para obter um determinado resultado, identificar claramente as responsabilidades e estabelecer em conjunto metas e **datas**. Do contrário, não passará de uma reunião casual para um café. Portanto, siga sua programação, restrinja as perguntas, elimine as conversas paralelas e, ao final, recapitule. Em seguida, pé na estrada e vento na cara!

Reuniões não programadas

Atualmente, as **reuniões não programadas** são as mais utilizadas nas empresas — exageradamente utilizadas, eu diria — e as menos eficazes enquanto forma de comunicação. Em nome da eficiência, você aparece ou então passa pelo escritório de um colega. A conversa em geral começa com um: "Tem um segundinho?" ou então "Uma perguntinha rápida...". Em qualquer um dos casos, sempre interrompe o trabalho da pessoa que está recebendo essa visita inesperada.

Essas reuniões não têm estrutura alguma e tendem a favorecer a ineficiência na comunicação porque são muito rápidas, informais e imprevistas. Ou você está interrompendo alguém ou está sendo interrompido, sempre. O entendimento nesse tipo de interação é **oito** ou **oitenta**, fortuito, e é o que mais faz com que as coisas sejam negligenciadas, em qualquer empresa.

Pare para pensar: as pessoas que você interrompe estão há 10 minutos em um projeto de 20 minutos. Você diz: "Oi, tem um segundinho?". O que acontece? Primeiro, elas perdem a concentração. Segundo, no momento em que começam a se envolver com o que você está falando, você já terá dito duas ou três sentenças sobre o assunto em questão — e enquanto isso elas estão acenando com a cabeça como se estivessem de fato compreendendo exatamente o que você está dizendo. Porém, na realidade, só querem que você conclua logo e saia para que possam voltar ao que estavam fazendo.

Ao agir dessa forma, você na verdade está pedindo para digerirem tudo imediatamente e darem uma resposta a algo que, dependendo da personalidade delas, provavelmente precisem de mais tempo para absorver. Seis segundos depois, das duas uma: ou você terá conseguido sua resposta ou terá passado uma batata quente para a frente para se livrar do problema, certo? **Errado!**

Ou então você decide se sentar, acomodar-se na cadeira e discutir o problema em pauta — e tudo descamba para uma conversa-fiada, daquelas que só você fala, sem parar para ouvir. Depois de 60 segundos de monólogo, você então descamba para outro assunto, agora sobre algo que está se passando na empresa. Enquanto isso, o trabalho das pessoas que você interrompeu fica acumulado. E elas ficam ainda mais ansiosas, porque agora têm mais trabalho para fazer e não conseguem de forma alguma se concentrar no projeto a que estão se dedicando. Observe também que o projeto de 20 minutos no qual elas já haviam dedicado dez minutos quando você as interrompeu agora levará pelo menos **mais** 20 minutos para ser finalizado, porque elas perderam a concentração.

Multiplique dez minutos pelo número de funcionários que você tem. Essa é a produtividade que você perde todos os dias em sua empresa realizando reuniões aleatórias para tentar economizar tempo. Isso se esse tipo de reunião ocorrer apenas uma vez para cada pessoa!

Não há dúvida da necessidade dessas reuniões em todas as empresas. Eu sei disso — isso é uma realidade. Entenda apenas que essas interações são superficiais e, portanto, devem se restringir a perguntas urgentes e objetivas, que exijam respostas do tipo sim ou não, ou para esclarecer algum pormenor. Nunca use reuniões desse tipo para assuntos que envolvam criatividade ou raciocínio estratégico. Se for isso o que você precisa, envie um *e-mail* ou dê uma passada na sala de seu colega para agendar um horário em que possam se reunir (e já vá com algum horário em mente para facilitar as coisas). Dessa forma, ambos poderão participar da reunião com a cabeça tranquila e aberta a discussões e estarão mais bem equipados para se concentrar no problema em questão.

Reuniões individualizadas

As **reuniões individualizadas** são as menos utilizadas, embora sejam as mais importantes atualmente nas empresas. Por que elas são tão fundamentais? Porque são uma oportunidade para analisar um determinado assunto ou problema mais a fundo. São essas reuniões que expressam o "porquê" por trás do "como". Elas o ajudam a compreender a pessoa como um todo e a desenvolver um sólido vínculo profissional. É nessas reuniões íntimas que ocorre o verdadeiro *coaching* (orientação) e as conversas de fato indispensáveis. Entretanto, como essas reuniões em geral não são frequentes, são deficientes. Para que sejam eficazes, devem ser sistemáticas. Do contrário, os resultados serão mais negativos do que positivos.

Avalie por que normalmente você chama uma pessoa para uma determinada reunião em sua sala. Na maioria das vezes, é para conversar sobre algum erro que ela cometeu ou para sobrecarregá-la ainda mais de trabalho. Em ambos os casos, desencadeia-se o efeito do "você está sendo chamado na sala do diretor". Daí, das duas uma: ou a pessoa luta ou então foge. E tudo isso acentua também o que chamamos de "efeito da sala verde". Para aqueles que ainda não sabem do que se trata, essa expressão se refere a um estudo em que os pesquisadores colocaram um cachorro em uma sala azul, onde ele recebia água, depois em uma sala marrom, em que recebia comida, e em seguida em uma sala verde, onde era atingido por uma luz extremamente clara e um ruído estridente. Não demorou muito para que o cachorro aprendesse a não entrar na sala verde!

Se quiser que sua equipe progrida e confie em você, compreendendo o que você está fazendo e por quê, as reuniões individualizadas são **essenciais**. Elas lhe permitem conhecer cada um dos membros de sua equipe e, por conseguinte, perceber onde eles se encaixam em seus planos gerais. Com essas reuniões, a probabilidade de você assegurar que eles se saiam bem é maior.

Veja um exemplo do poder dessas reuniões. Trabalho com uma empresa de alto desempenho do setor de produção. De todos os departamentos que sofrem muita pressão, o do **gerenciamento de projetos** é o que mais sofre; tudo passa ou gira em torno dessa equipe. A gerente é sensata. Seu padrão de desempenho e excelência é equiparável apenas ao dos proprietários da empresa. Ela é firme, mas justa, e é considerada por quase todos na empresa uma pessoa exigente.

Alguns anos atrás, estávamos analisando os índices de rotatividade do final do ano. Percebemos que 25% de rotatividade em um departamento e 40% em outro. Em seguida, analisamos o departamento de gerenciamento de projetos. Ao longo de dois anos corridos, a porcentagem de rotatividade havia sido **zero**! E para completar, a pessoa que essa gerente havia substituído ainda trabalhava no departamento e naquele momento era sua subordinada.

Bem, no papel de olheiro de empresas, obviamente esse fenômeno me chamou a atenção. Por isso, me reuni com a gerente para saber qual era seu segredo. Perguntei a ela como havia conseguido isso. Ela olhou para mim e respondeu:

"Dwain, é simples. Eu segui seu conselho e realizei reuniões individualizadas **semanalmente** com o meu pessoal. Como tenho treze pessoas na equipe, sei que terei de dedicar de dez a treze horas, todas as semanas, a essas interações. Essas reuniões são sagradas. Todos os membros da equipe têm um horário reservado e já vêm preparados com seus formulários de atualização. Avaliamos o desempenho meu e deles. Elogio quando o desempenho é bom e pergunto o que ocorreu quando não é bom. Também pergunto o que eu fiz ou deixei de fazer que possa ter contribuído para que errassem o alvo.

Com o tempo, essa conversa ficou mais descontraída, e passamos a conversar sobre coisas como família e fim de semana, mas sempre centrados no trabalho que tínhamos a fazer. Eu preciso saber em que momento eles estão enfrentando dificuldades com alguma coisa fora da empresa e que medidas posso tomar para auxiliá-los. Isso me ajuda a aperfeiçoar meu trabalho e, desse modo, eles podem executar melhor o trabalho deles. Não encaramos mais isso como uma obrigação. Na verdade, sentimos falta quando por acaso temos de reagendar uma determinada reunião. É o tempo mais produtivo que despendo ao longo de toda a semana."

Reflita sobre o que essa gerente me afirmou: "É o tempo mais produtivo que despendo ao longo de toda a semana." Agora, pense no índice de 0% de rotatividade e no alto desempenho dos funcionários. Resultados bastante surpreendentes para uma reunião comum, não é?

Para facilitar sua vida, use o formulário de atualização para estabelecer um ponto de partida para as suas reuniões. Com ele, elas não perdem o foco e, além disso, institui, em todos os níveis, uma estrutura de comunicação para a empresa. Nunca é demais enfatizar a importância dessas interações; a reunião individualizada é **fundamental** para romper com a síndrome do "faça tudo o que for preciso" da qual inúmeros gerentes sofrem. Ela lhe permite obter resultados por meio de outras pessoas e também que essas pessoas se aprimorem diante de seus olhos — tudo isso de uma forma extremamente rápida.

Observação importante: Para determinar a frequência de uma reunião individualizada ou de grupo, tenha sempre em mente o efeito provocado pelo tempo. Se você se reúne com alguém ou com um grupo semanalmente, a pauta cobrirá duas semanas: a que passou e a seguinte. Se a reunião for mensal, a pauta cobrirá dois meses; se for trimestral, será uma perspectiva de seis meses. Compreendeu?

É por isso que as reuniões são tão importantes; dependendo do ritmo de sua empresa, muita coisa pode ocorrer em uma semana, em duas semanas ou em um mês. Portanto, é essencial comunicar-se com sua equipe em tempo hábil.

Regras da estrada

- Todas as reuniões de negócios consideradas excelentes têm uma **meta clara** e são conduzidas de forma que todos a compreendam plenamente.
- Ao final da reunião, informe aos membros da equipe o que você espera que eles façam para atingir a meta em questão e quando.
- Informe também aos membros da equipe o que eles podem esperar de você e quando.

Para melhorar a comunicação de sua empresa, você pode utilizar algumas ferramentas gratuitas e obter instruções detalhadas no meu: *www.BikersGuidetoBusiness.com*.

CAPÍTULO 15

Canalizando o poder da matilha

Uma das minhas máximas favoritas é a que diz: **"A rotina dos negócios é fácil — o difícil são as pessoas"**. Se você atribui uma tarefa a uma pessoa específica, ela terá total autoridade sobre isso. Entretanto, se envolver mais indivíduos nessa mesma atribuição, não necessariamente dará autoridade a esses indivíduos; o máximo que eles podem esperar é ter **influência**. Portanto, até certo ponto, toda empresa é disfuncional, simplesmente porque envolve várias pessoas com agendas concorrentes que em algum momento entram em conflito e acabam provocando o mau desempenho.

Por exemplo, uma empresa de 50 funcionários tem, independentemente do dia, em torno de 200 agendas. Em algum momento, esses diferentes compromissos podem fazer a empresa sair dos trilhos ou, no mínimo, diminuir seu ritmo. Obrigações familiares, questões internas relacionadas a recursos humanos e problemas com fornecedores ou clientes podem facilmente contribuir para isso e ficar pairando sobre qualquer empresa como uma nuvem de chuva. Todos enfrentam esses desafios, e não é possível obstá-los. Por isso, a única maneira de manter a direção e o foco é aceitar o fato de que a empresa é inerentemente imperfeita e trabalhar de forma correspondente. A seguir apresento alguns métodos que utilizo para estimular uma equipe a **canalizar seu poder** para ter o mais alto nível de desempenho, sistematicamente.

Formação de equipes

Qualquer discussão sobre alguma disfunção dentro da empresa tem uma conotação negativa. Entretanto, a disfunção é apenas um barômetro para avaliar até que ponto os funcionários estão em sintonia para criar a cultural global da empresa. Levei muito tempo para perceber essa realidade; antes de me dar conta disso, passei vários anos procurando em vão uma solução milagrosa que colocasse tudo nos trilhos. Livros e mais livros foram escritos sobre o conceito de formação de equipes e até mesmo uma atividade inteira se desenvolveu em torno disso. Todos os instrumentos vêm em um pacote fechado com a promessa de transformar uma equipe disfuncional em uma família grande e feliz. E algumas ideias seriam até divertidas, se não fossem tão inúteis.

Alguns consultores levarão você e sua equipe a uma floresta para escalar árvores de até três metros de altura. Para criar confiança entre os membros da equipe, um membro de cada vez deixa-se cair nos braços do colega que está atrás para que ele o ampare (pelo menos isso é o que se espera que eles façam). Ou então, melhorar a comunicação, os consultores dividirão a equipe em grupos para que solucione um quebra-cabeça complexo por meio de brinquedos e varetas. As únicas coisas que distinguem atividades como essas das de um **jardim de infância** são a **merenda** e a **soneca**!

Claro, é maravilhoso ver todos os integrantes da equipe rindo e se divertindo; isso nos remete aos parques de diversões da juventude. Porque, até mesmo a pessoa mais estúpida da empresa é vista de uma perspectiva diferente quando se nivela o campo de jogo ao menos por um dia. Porém, se e quando você participar de exercícios como esses, encare-os pelo que eles de fato são: **brincadeiras** e **atividades físicas e uma forma de descarregar**. Porque, verdade seja dita, qualquer coisa desse tipo só teria um efeito duradouro se todos os funcionários da empresa fossem crianças.

Entretanto, as empresas são constituídas por **adultos**, todos com uma vida inteira de experiências, experiências que, por sua vez, amoldaram suas personalidades. Como a maioria das pesquisas demonstra que é bem provável que nossa personalidade comece a ser formada aos cinco anos de idade, esses programas de formação de equipes não passam de uma tentativa em vão. Acreditar verdadeiramente que passar uma tarde fazendo com que as pessoas amparem umas as outras em cima de uma árvore e construam esculturas desencadeará uma mudança duradoura em alguém é um tanto ousado e, na minha opinião, meio absurdo. Afinal de contas, você não opera sua empresa no meio da floresta nem em um parque de diversões. Porque, quando retornamos ao escritório, voltamos para o cotidiano da empresa. As pessoas não estão "brincando de cair de árvore" para serem amparadas por alguém nem tentando solucionar quebra-cabeças com brinquedos e varetas; elas estão lidando com clientes ou trabalhando para solucionar problemas de produção. A demanda diária da empresa e todas as agendas das quais falei antes estão ali prontas para tornar seu dia uma verdadeira confusão.

Portanto, agora que já detonei completamente com um amplo segmento do mercado de consultoria, eis como **eu** acredito que você possa fazer com que uma equipe apresente resultados e volte a encarar a disfunção com bons olhos. Isso tem tudo a ver com **missão**. Se você estabelecer uma meta em comum factível e em que todos acreditem, sua empresa será uma empresa de alto desempenho — ponto final.

Vemos a todo instante esse tipo de esforço colaborativo nos esportes, quando as equipes participam de um campeonato, ou na medicina, quando os médicos se juntam para salvar uma vida. Porém, no mundo dos negócios, a **colaboração** é até certo ponto mais complexa; não há sequer uma única meta que seja almejada por todas as empresas, nenhum torneio anual, nem a busca pela cura de uma doença específica para unir as pessoas. As metas diferem de uma empresa para outra e são tão singulares quanto os empreendedores que as idealizam.

Portanto, é fundamental que você, enquanto líder da "matilha", tenha absolutamente claro em sua mente o lugar aonde deseja chegar e quando. Você precisa, além disso, garantir que todos os funcionários sejam informados sobre suas metas. Sua visão deve ser suficientemente transparente para que as pessoas que estão a seu lado coloquem de bom grado a agenda da empresa em primeiro plano em relação à suas agendas pessoais, acreditando que dessa forma poderão concretizar também os sonhos delas, ou então saiam de vez da empresa. Não pode haver meio termo.

Não estou defendendo que as empresas se encham daquelas pessoas que seguem impensadamente o líder em todos os instantes, porque isso também é arriscado. Você pode ter as pessoas mais comprometidas do mundo seguindo seus passos, mas se elas não tiverem o talento e as habilidades essenciais para ajudá-lo a chegar lá, ainda assim você fracassará. Para ter uma ideia desse processo, basta olhar para qualquer grande corporação que tenha tido sucesso no passado e no momento está se esforçando a olhos vistos. Acredito que essas corporações tendem a se arrastar e a ter um desempenho aquém das expectativas principalmente porque adotam uma mentalidade acrítica e servil no que se refere a contratações. O sucesso passado leva essas empresas a valorizar a mesmice e a esterilidade em sua força de trabalho, e elas acabam contratando um determinado tipo de pessoa — alguém que anda, fala e pensa exatamente como os funcionários atuais —, em vez de selecionar um candidato com o talento e a criatividade indispensáveis ao futuro da empresa. Essa força de trabalho admiravelmente homogênea vê as coisas através de um único par de lentes e aborda todos os problemas e obstáculos da mesma e velha maneira. É por isso que passa distraidamente pelos sinais de alerta, não vê a curva logo a frente e acaba no abismo.

Embora uma visão bem pensada nunca deva ser posta em discussão, as táticas e os processos imprescindíveis para uma empresa chegar lá **sempre** devem ser. Essa linha de raciocínio traz à tona outra das minhas teorias favoritas a respeito da formação de equipes de alto desempenho: "Se duas pessoas concordam o tempo todo, uma delas é desnecessária." A última coisa que um verdadeiro líder quer ou precisa é de uma empresa de capachos e vaquinhas de presépio. É por isso que a disfunção em uma empresa deve ser avaliada não com base na capacidade dos membros da equipe de avançar e se dar bem, mas em sua capacidade de produzir resultados. Afinal, de que vale para a sua empresa o fato de os membros de sua equipe saírem juntos para um *happy hour* se eles não estão gerando resultados? A capacidade da equipe de produzir resultados e atingir metas é a melhor forma de averiguar se seu comportamento está ou não gerando problemas.

Em resumo, se o nível de desempenho da equipe é regularmente alto, é provável que tenha coesão, compreenda e se sinta à vontade com os conflitos criativos. Se não, a equipe pode ser considerada disfuncional. Nesse caso, precisa se aprimorar. Ao tentar corrigir os problemas do grupo, lembre-se de que todas as empresas de alto desempenho estimulam a criatividade individual em um ambiente em que todos discutem abertamente e lutam por suas ideias. É claro que há lugar para desacordos e conflitos, mas as pessoas estão preocupadas com o trabalho a ser feito e não em seguir os planos pessoais de alguém. Assim, fica mais fácil para que todas as partes envolvidas comprometam-se quando necessário e tomem as decisões certas.

Dentro da empresa, o conflito criativo também propaga certa conscientização. Quando você converge suas atividades e diálogos para o trabalho a ser feito, os pontos fortes e fracos da empresa ficam mais óbvios e mais fáceis de discutir. Nesse caso, a empresa é constantemente colocada diante de um espelho: "É exatamente isso o que somos e não há nenhum problema nisso". Porque se você enxergar os talentos em sua empresa com base no que eles de fato são e aceitá-los, conseguirá preparar sua equipe para o sucesso com maior facilidade.

É por isso que eu sempre presto mais atenção nos pontos fracos da empresa — e dos funcionários — do que em seus pontos fortes. Em todas as aulas de segurança para motociclistas que assisti, essa ideia foi reforçada, porque os instrutores estão a todo tempo enfatizando que devemos ter consciência de nossas limitações quando estamos na estrada. Só porque a pessoa que você está seguindo consegue entrar em uma curva a 80 km/h não significa que deva fazer o mesmo, especialmente se não for um piloto suficientemente bom!

Inventário de talentos

Para pilotar apropriadamente a moto, sei que sempre devo ter uma visão realista das minhas capacidades e, portanto, do meu limite de desempenho — aquela zona de perigo além da qual você aumenta sensivelmente a probabilidade de um tombo e compromete seu bem-estar. Observar mais atentamente as limitações do que os pontos fortes reforça essa realidade, porque na moto a disfunção ou inaptidão normalmente põe a vida de alguém em risco. E embora não entremos a 80 km/h em uma curva, no contexto empresarial, temos todos um limite ou uma margem distinta acima da qual nossa probabilidade de cair **aumenta** de maneira **drástica**. Lamentavelmente, as empresas em geral identificam esse limite tarde demais para evitar problemas, porque cometem o erro de não tentar compreender precisamente o que elas **não sabem fazer bem**. Fomos ensinados a empregar nossos pontos fortes, mas nenhum ponto forte utilizado em demasia é capaz de superar um ponto fraco. Existe sempre um limite estreito entre ambos. Além disso, embora os pontos fortes sejam normalmente evidentes, os fracos na maioria das vezes ficam escondidos — ou sua importância é negligenciada —, até que se percebe que é tarde demais. Por isso, você precisa ter uma visão nítida dos **pontos fracos** de sua empresa para trilhar seu caminho promissoramente.

Nós, empresários, estamos acostumados com o processo de contagem física do estoque ou com a avaliação periódica da eficácia e utilização dos recursos de capital. Mas raras vezes paramos para inventariar os talentos que existem dentro da empresa — um fator que tem efeito direto sobre a capacidade da equipe de apresentar um nível de desempenho do mais alto nível. Essa avaliação é essencial porque, à proporção que sua empresa cresce, o talento necessário para sustentar esse crescimento deve expandir em consonância. Por exemplo, a habilidade essencial para dirigir um departamento de três pessoas é bem diferente da habilidade necessária para dirigir um departamento de dez que rapidamente pode se transformar em um departamento de vinte. Quanto maior o departamento, mais distante estará o gerente dos resultados tangíveis reais, o que exige habilidades de comunicação distintas, habilidade de gestão de projetos distintas e assim por diante.

Assim como os tipos de habilidade mudam, também muda o tipo de profissional. Você sempre se vê mudando de funcionários que se dão bem em um ambiente de gestão participativa para aqueles tipos proativos que têm iniciativa — e que, portanto, não precisam tanto de uma supervisão direta. A mistura errada de talentos pode ser uma receita para o desastre — sua empresa não funcionará bem se tiver uma equipe de funcionários proativos e de iniciativa trabalhando com um gerente verdadeiramente participativo ou vice-versa. Portanto, se sua empresa tiver se expandido de forma significativa e tiver mais de cinco anos de existência, sugiro que você reavalie os talentos existentes pelo menos uma vez por ano.

Por esse motivo, emprego o que chamo de **inventário de talentos**, um processo que ajuda a identificar melhor os pontos fortes e fracos de uma equipe. Não podemos sobrevalorizar a importância desse processo. Pouco vale determinar as táticas necessárias para chegar a um destino se as pessoas são incapazes de implementá-las. O inventário não requer que se identifiquem deficiências ou fraquezas pessoais. Na verdade, é necessário identificar onde se encontram os verdadeiros talentos. Se alguém está sempre lutando para executar um determinado trabalho — mas tem um bom propósito e está se esforçando ao máximo —, é provável que não tenha talento par essa área. E a probabilidade de essa pessoa algum dia se tornar exímia nesse trabalho é pequena.

O inventário de talentos é um processo fácil. Para começar, os gerentes de departamento preenchem um formulário simples, denominado Análise SWOT* sobre o **funcionário**, para cada um dos membros de sua equipe

---

* SWOT, sigla em inglês de *strengths, weaknesses, opportunities and threats*, que significa pontos fracos, pontos fortes, oportunidades e ameaças. (N. da T.)

(consulte a página 164). Os gerentes são instruídos a oferecer o máximo de detalhes possível ao relacionar os pontos fortes, pontos fracos, oportunidades e ameaças desses funcionários. A relação de pontos **fortes** e **fracos** é razoavelmente óbvia. Em **oportunidades**, procuramos possíveis áreas para promoções, aperfeiçoamento ou novas maneiras de ajudar a empresa. O campo de **ameaças** está relacionado às áreas em que eles podem prejudicar a empresa por meio de atitudes visíveis ou por falta de atitudes visíveis, isto é, quando não há nenhum sucessor bem definido para alguém em uma área crucial para a empresa.

Os gerentes divulgam sua análise SWOT em uma reunião em que discutem abertamente o conteúdo de cada uma e trocam *feedback* entre si. A possibilidade de discutir isso em um espaço aberto permite que todos os gerentes tenham consciência da quantidade de talentos dentro da empresa e os ajuda a compartilhar os funcionários em projetos que abranjam todos os departamentos da empresa.

É importante que essa discussão gire em torno da capacidade dos funcionários de atuar na empresa à medida que ela cresce, e não em serviços anteriores e com seu atual nível de desempenho. É evidente que o desempenho que o funcionário teve até aquele momento tem grande peso no processo de reavaliação; entretanto, essa avaliação deve se basear primordialmente em sua capacidade de crescer com a empresa e de acordo com suas futuras necessidades. Enfatizo isso porque, com demasiada frequência, vejo empresas refreadas por pessoas em cargos importantes que suplantaram suas capacidades. Portanto, começo a discussão com esta pergunta básica:

Se o funcionário em questão se candidatasse à função hoje, você o contrataria?

Se a resposta for **não**, então temos um problema grave e precisamos avaliar a possibilidade de substituir esse membro da equipe. Se a resposta for **sim**, passamos para a pergunta seguinte.

O funcionário em questão tem talento e capacidade para ser promovido para o nível hierárquico seguinte da empresa?

Se a resposta for **não**, a principal preocupação é saber se o funcionário ficará ou não contente no nível atual. Isso também oferece ao gerente alguns indicadores, que devem ser identificados e abordados à medida que

Análise SWOT sobre o funcionário

Nome: _____   Data: _____

Departamento: _____   Cargo: _____

Pontos fortes

Pontos fracos

Oportunidades

Ameaças

Comentários:

Recomendações:

Preenchido por: _____

a empresa cresce. Se a resposta for não, começamos a refletir sobre o que o funcionário precisa melhorar ou desenvolver para efetivamente ser promovido. Em ambos os casos, passamos para o **processo de desenvolvimento profissional** do funcionário (consulte o Capítulo 16).

Outra vantagem de discutir os resultados dessa análise particularmente com cada funcionário é que eles começam a reconhecer e aceitar os pontos fracos tanto dele quanto dos outros. Quando os pontos fortes e os pontos fracos de todos ficam transparentes, os membros da equipe ficarão mais à vontade para levantar a mão quando precisarem de ajuda e não terão de se preocupar com a possibilidade de serem marcados com uma "letra escarlate" (antigamente, a letra "escarlate" era atribuída a quem cometesse adultério e hoje é utilizada em referência a estigmas).

Lutamos para que os pontos fortes da empresa neutralizem seus pontos fracos sempre que preciso. As empresas de alto desempenho sabem que o funcionário é capaz de se superar em determinados trabalhos, mas que ninguém é bom em **tudo**. "Eu poderia ficar bom nisso se simplesmente prestasse mais atenção ou se praticasse mais" — isso é o que todos nós tendemos a pensar. Mas a situação real é que não somos bons para fazer um determinado trabalho porque simplesmente não é aí que nosso talento reside. Se assim fosse, passaríamos mais tempo realizando esse trabalho, porque ele se tornaria mais natural para nós. E sua responsabilidade enquanto diretor ou gerente é identificar o que cabe **naturalmente** a cada funcionário da empresa.

Repito, tudo está relacionado ao trabalho a ser feito. Não paro de dizer isso, mas é a pura verdade. Tem a ver com conquista e vitória. Você não pode colocar pessoas em cargos cujo trabalho exija uma capacidade que elas não tenham. Portanto, uma das principais condições para que o trabalho a ser feito seja de fato concretizado é que as pessoas e as empresas identifiquem seus próprios pontos fracos.

Esse processo de identificação e discussão não ocorre do dia para a noite. Ele é gradativo. Entretanto, agora que você está focalizando as áreas de desempenho mais importantes, talvez só consiga identificar os pontos fracos mais notórios em 60 dias ou mais. Depois de dois meses, dependendo das desculpas ou dos atrasos, você saberá se as pessoas estão ou não gerando resultados, e é aí que você talvez precise empreender certa **"engenharia reversa"** para descobrir o motivo.

A engenharia reversa consiste no seguinte. Você diz para o funcionário: "Aqui está o trabalho que você precisa fazer." Se ele fizer bem feito,

tudo bem. Se não fizer bem feito ou de acordo com o nível esperado, você deve voltar e tentar descobrir o motivo. O que está prejudicando o desempenho? Seria um problema de processo dentro da empresa? Ou o funcionário simplesmente não tem as habilidades necessárias? Se a resposta o remeter a uma característica pessoal desse indivíduo, isso provavelmente quer dizer que ele **não tem talento** para essa função.

Quando enfrentar uma situação desse tipo com um funcionário, observe que há apenas três maneiras de contornar isso:

1º) coloque essa pessoa para trabalhar com outra, para que os pontos fortes dessa outra possam superar os pontos fracos daquela;
2º) crie um processo em torno da pessoa para ajudá-la a superar seus pontos fracos; ou
3º) transfira-a para um lugar diferente da empresa ou a despeça de uma vez por todas. Observe que, para identificar a disfunção sem destruir o moral da empresa, você deve criar um ambiente de confiança em que os gerentes "possam e de fato comprem" essa ideia. Nas empresas de alto desempenho, os gerentes prosperam quando o ambiente estimula a compreensão e o apoio. Ninguém é castigado, e discutir pontos fracos pessoais ou da equipe passa a ser um processo natural porque tudo isso é para o bem da empresa em geral.

Não se trata de reconhecer se uma pessoa é melhor do que outra; é apenas uma questão de encontrar a pessoa mais adequada possível para um trabalho ou uma função. Todos os profissionais são vitais para o desempenho da empresa, e uma vez que eles aceitem quem eles são e percebam com maior clareza suas deficiências, podem, em grupo, idealizar um plano para superá-las. Se você, enquanto empresa, souber quais são seus pontos fracos, estará mais apto a canalizar seus recursos para ter sucesso.

A equipe administrativa

Ao lidar com uma disfunção dentro de qualquer empresa, sempre inicio meu trabalho de cima para baixo, porque a diretoria define os rumos da empresa. Se os membros do grupo que supostamente deveriam liderar não estiverem trabalhando bem em conjunto, então é seguro supor que o restante da empresa padece do mesmo mal. Criei o **processo de pilotagem** também para expor e monitorar disfunções na equipe administrativa, para que você possa trabalhar melhor dentro e em torno delas. O **processo de planejamento tático** lhe ofereceu as táticas essenciais estipuladas para atingir suas metas, e isso lhe permitiu avaliar melhor as ações dos membros de sua equipe comparativamente às metas e discutir possíveis problemas em reuniões subsequentes.

Para compreender e lidar melhor com os temperamentos individuais dos membros da equipe, gosto de utilizar perfis de personalidade para identificar o estilo de comunicação de cada um. São testes aprovados e certificados e admiravelmente precisos. O melhor exemplo de que esses testes conseguem identificar e resolver problemas internos em uma empresa ocorreu logo no início de minha carreira, quando um diretor executivo me convocou para lidar com um conflito contínuo entre dois altos executivos em uma empresa local de alta tecnologia.

O problema era que Carl, diretor de operações, e Jerry, diretor de *marketing*, recusavam-se a trabalhar juntos, e o conflito entre ambos começou a afetar toda a empresa, visto que fronteiras foram demarcadas e partidos foram tomados. Depois da conversa inicial que tive com o diretor executivo, não recomendei que escolhesse nem um nem outro, mas que trabalhássemos com a comunicação de toda a equipe administrativa. A partir dali, os principais conflitos viriam à tona e nós trabalharíamos em equipe para resolvê-los. Comecei a entrevistar cada um dos diretores, solicitando que preenchessem seu perfil básico de personalidade; em seguida, agendamos uma reunião para discutir os resultados.

Na reunião, quando estávamos abordando o estilo de personalidade de cada membro da equipe, Carl e Jerry olharam um para o outro e começaram a rir. Interrompi a reunião e perguntei o que havia de tão engraçado. Carl respondeu, ressaltando que o estilo dele e o de Jerry eram totalmente opostos, o que, por sua vez, explicava por que havia tantos conflitos entre eles. Descobrimos que Jerry tomava decisões rapidamente e tendia a agir primeiro e pensar depois, enquanto Carl era mais atento para tomar decisões. Carl contou que Jerry costumava ter uma ideia e, momentos depois, entrar de repente em sua sala para lhe contar entusiasticamente. Em seguida, costumava ficar parado à porta, ansioso para ouvir um comentário; minutos depois saía frustrado quando percebia a falta de interesse de Carl. Isso levou Carl a reclamar ao diretor executivo que Jerry estava sempre tentando "lhe enfiar goela abaixo suas malditas ideias", e Jerry reclamou que "Carl não conseguia tomar decisões".

O que ambos reconheceram imediatamente em seu respectivo perfil não foi uma indisposição a cooperar, tanto de uma parte quanto de outra, mas uma diferença de estilo de comunicação. Para evitar conflitos, ambos concordaram com uma solução. Jerry podia apresentar suas ideias a Carl no futuro desde que desse a Carl tempo suficiente para refletir sobre elas e só então responder. A equipe reagiu imediatamente à mudança e a produtividade da empresa aumentou; o perfil de personalidade e a discussão puseram termo ao conflito.

O verdadeiro ensinamento aqui, para mim, foi que a **comunicação é sempre essencial** para corrigir uma disfunção. Quanto mais as pessoas compreendem as metas umas das outras, mais facilmente a equipe se engrena. Isso não se resume a falar para as pessoas algo que elas ainda não saibam; trata-se, na verdade, de eliminar quaisquer restrições a dificuldades que elas possam ter em relação à própria personalidade e ao próprio estilo de lidar com os problemas. Elas começam a compreender como suas posturas e atitudes afetam não apenas as pessoas à sua volta, mas toda a empresa, e essa consciência possibilita que a equipe se torne mais coesa e produtiva.

Assim que sua empresa identifica e lida abertamente com uma disfunção, as pessoas ficam menos estressadas com isso. Isso porque você diminui o que eu chamo de **brecha para decepções** — a lacuna (*gap*) entre as suas expectativas (gerente) e as limitações do funcionário. O tamanho dessa brecha é diretamente proporcional ao grau de decepção com o desempenho dele. Em outras palavras, se conhecermos os pontos fortes uns dos outros — e, melhor ainda, se conhecermos os pontos fracos uns dos outros —, as expectativas se tornam, portanto, mais realistas.

Dessa maneira, você terá preparado as pessoas para o sucesso, e não para o fracasso; não designará mais essa pessoa introvertida da área contábil ou financeira para a área de atendimento ao cliente e, portanto, não mais ficará angustiado com um péssimo desempenho profissional. Como você é um líder competente e eficaz. sabe que o mercado raramente permite que uma empresa permaneça em uma zona de conforto, e isso significa que todos os integrantes da equipe precisam ampliar suas capacidades. Entretanto, é necessário habilitá-los ao longo do processo, sem os condenar ao fracasso; se compreender claramente quais são seus pontos fracos, conseguirá fazer isso mais adequadamente.

Embora nos primeiros 60 dias após a implementação das táticas que você concebeu no Capítulo 12 você já tenha identificado grande parte do que precisa saber sobre seus funcionários, o processo de identificação de disfunções é contínuo. Costumo fazer isso por meio de reuniões individualizadas, que na verdade não passam de uma conversa mais embasada. Documentar as táticas individuais é bom porque as conversas ficam mais centradas, e isso pode ser feito nas reuniões individualizadas regulares que descrevi no capítulo anterior. Além de acompanhar o progresso dos meus funcionários, também faço questão de fazer as seguintes perguntas: "Como vão as coisas? O que está te atrapalhando? O que está funcionando e o que não está funcionando?".

Também aprendi a observar mais do que participar quando estou em grupo. Anoto coisas importantes para complementar as informações que meus funcionários fornecem nos formulários de atualização (como discutimos no capítulo anterior). Desse modo, posso identificar os padrões de comportamento à medida que eles se evidenciarem e monitorar os antigos, para que meus funcionários tenham boa atuação em equipe.

Quando você colocar esses princípios em prática, seus funcionários ainda assim ficarão magoados com outras pessoas na empresa? Sim. As pessoas vão continuar se decepcionando umas com as outras? **Sim!** Mas pelo menos elas compreenderão os **"comos"** e **"porquês"**. Quando passamos a ter consciência das deficiências uns dos outros e aprendemos a trabalhar com elas, podemos de fato sentir satisfação, porque **desse modo** a empresa está concretizando coisas. O principal a ser lembrado em relação à formação de equipe é a **adequação/adaptação**. Seus funcionários são adequados aos trabalhos e também à equipe? A resposta deve ser sim em ambas as avaliações, porque, como eu disse inúmeras vezes neste livro, tudo está relacionado ao trabalho a ser feito.

Regras da estrada

- As melhores equipes são formadas em torno de uma missão claramente definida, e canalizar o poder de sua equipe é um processo gradativo.
- Respeite a função e respeite a pessoa.
- Faça um inventário de talentos de todos os seus funcionários.
- Utilize as habilidades e capacidades de seus funcionários no trabalho a ser feito (a missão).
- Faça o possível para que seus gerentes conheçam a personalidade e o estilo um do outro.
- Observe sua equipe; aborde todos os pontos fracos e ajuste sua equipe de acordo para atender às necessidades da empresa, que são sempre variáveis.

Para canalizar o poder da matilha, você pode utilizar algumas ferramentas gratuitas e obter instruções detalhadas no meu *site*: *www.BikersGuidetoBusiness.com*.

CAPÍTULO 16

Aguçando suas habilidades

"Para nós hoje é um fato que a aprendizagem é um processo permanente de atualização e esclarecimento em relação às mudanças. E a tarefa mais premente é ensinar as pessoas a aprender."

— Peter Drucker

Quando os motociclistas trafegam por uma estrada de alta velocidade, tudo acontece muito rapidamente e eles precisam estar preparados. Por isso, os bons motociclistas estão sempre aprimorando suas habilidades por meio de cursos anuais de direção defensiva, informando-se com colegas motociclistas sobre as condições da estrada e praticando constantemente os princípios básicos do motociclismo. E quando os pilotos experientes alcançam um determinado nível de proficiência, eles passam perfeitamente de uma situação de treinamento para uma condição de aprendizagem compartilhada.

Por um lado, a palavra **ensinar** implica um diálogo unidirecional entre um professor que conhece tudo e um aluno que precisa aprender. Por outro lado, a **situação de aprendizagem** é uma circunstância em que não existe nenhuma dinâmica entre professor e aluno. Em vez disso, duas pessoas experientes compartilham um conhecimento específico sobre um assunto. Um exemplo disso no motociclismo ocorre quando dois pilotos têm experiência para pilotar na chuva, mas um tem maior familiaridade com uma determinada estrada pela qual vão viajar. Algumas dicas importantes aqui e ali de um piloto mais informado serão inestimáveis para melhorar a consciência do outro piloto sobre as habilidades necessárias para conseguir chegar com êxito ao destino.

O mesmo conceito se aplica a funcionários experientes em qualquer empresa duradoura. Todos têm familiaridade com a empresa em geral e suas metas, mas existem pontos de vista diferentes dependendo do departamento e do cargo. Em outras palavras, o departamento de vendas pode oferecer ao restante da empresa informações valiosas sobre as condições do mercado, como empresas e produtos concorrentes, que são cruciais para conduzi-la na direção certa.

Em resumo, para chegar ao seu destino são e salvo, você deve desenvolver as habilidades e capacidades que sua organização precisa tendo por base o lugar para onde está indo, e não o lugar em que se encontra no momento. Esse é um mantra que eu repito para as pessoas da minha empresa e para os clientes com os quais trabalho, e você vai ouvi-lo várias vezes ao longo deste capítulo. Vejo empresas com demasiada frequência empresas em situação de estagnação porque seus funcionários não têm o talento necessário para fazê-la dar um passo adiante. Para uma empresa manter um sólido crescimento, tanto os funcionários quanto os dirigentes devem crescer com ela. Isso é um fato no mundo dos negócios.

Desenvolvimento profissional

A melhor maneira que encontrei de fazer uma empresa atingir um alto desempenho e mantê-lo foi instituindo o que eu chamo de **processo de desenvolvimento profissional** (**PDP**). A necessidade de um processo como esse não está no radar da maioria dos empreendedores porque eles estão operando empresas pequenas e, como estão muito ocupados com seu trabalho *na* empresa, não têm tempo para trabalhar **pela** empresa. Os desafios diários que se interpõem no caminho são inúmeros, e para completar esse tipo de análise é coisa para grandes empresas.

Durante vários anos imaginei que não valesse a pena empregar meu tempo em uma avaliação dessa natureza em virtude dos encargos diários que eu tinha de enfrentar enquanto empresário. Mas desde então consegui perceber que o PDP não precisa ser complicado para gerar resultados. Também sabia, no momento em que o desenvolvi, que tempo é dinheiro em qualquer empresa empreendedora. Portanto, o processo tinha de ser fácil de implementar e curto em termos de comprometimento de tempo. Para gerar resultados, era também necessário obter a adesão de todos os funcionários e o envolvimento de todos os membros da equipe.

Eu precisava de um método de aprendizagem simples e coerente que atendesse às necessidades da organização. Também queria que ele fosse suficientemente versátil para que pudesse implementá-lo na empresa de meus clientes. Foi por isso que desenvolvi o PDP em torno de três áreas essenciais de desenvolvimento e conhecimento.

Conceitos básicos. Essas são as informações que os funcionários necessitam para realizar bem seu trabalho no dia a dia. O treinamento inicial é a base sobre a qual as empresas bem-sucedidas e de alto desempenho estão alicerçadas. Essa é a parte do **"como fazer"** na curva de aprendizagem de um funcionário, e nada levará mais rápido uma empresa de alto crescimento para o abismo do que a falta de treinamento básico.

Conhecimento avançado. Os funcionários precisam dessas informações para se desenvolver **dentro** da empresa e crescer além de suas funções atuais. É aqui que você olha para o futuro da empresa e determina quais habilidades os funcionários deverão ter para atender às necessidades da empresa à medida que ela crescer. Deficiências nessa área provocarão um impacto negativo em seu futuro.

Percepção. Os membros de sua equipe necessitam de informações **externas** ao setor e às suas funções profissionais, conteúdos que os exponham aos novos métodos, ideias e técnicas essenciais ao seu amadurecimento enquanto gestores. Li uma vez que, para nos sobressairmos no atual mundo dos negócios, a maior parte do que precisamos conhecer encontra-se fora de nosso setor ou área de especialidade. Portanto, é fundamental que você e seus funcionários ampliem suas redes de relações e o escopo de leitura, porque as práticas e os métodos empresariais em geral podem ser empregados universalmente, exigindo para tanto poucos ajustes.

Como iniciar o PDP

Como todos os outros fatores do processo de pilotagem, o PDP é movido pelo trabalho a ser feito, o que, em algum momento, exigirá que você renove os talentos da empresa. Portanto, quando uso o PDP na minha empresa, meu primeiro passo é identificar as habilidades e o conhecimento que meus funcionários precisam desenvolver para chegar a esse ponto e manter esse nível de sucesso. (Para fazer isso quando estou trabalhando com meus clientes, os gerentes delineiam as habilidades essenciais ao seu quadro de funcionários e o diretor executivo ou os proprietários delineiam as habilidades necessárias aos gerentes.)

Assim que essas habilidades são identificadas, implemento um meticuloso processo de avaliação do funcionário, que inclui a análise SWOT sobre o funcionário descrita no capítulo precedente.

Uma vez que as SWOTs são preenchidas e que eu tenho uma ideia do lugar em que cada funcionário se encaixa, é chegado o momento de envolvê-los. Para isso, encaminho um questionário com três perguntas para identificar aonde eles desejam chegar dentro da empresa:

- Em que lugar você se vê daqui a três a cinco anos?
- O que você está fazendo para chegar lá?
- O que eu posso fazer para ajudá-lo?

Peço então para que reflitam sobre as perguntas e as respectivas respostas durante uma semana. Assim que eles respondem o questionário, reúno-me com cada um por meia hora para discutir as respostas e as oportunidades de crescimento no ano que se segue. Para que essas conversas sejam mais produtivas, utilizo também as SWOTs a fim de compará-las com as percepções dos funcionários. É sempre interessante ver o lugar em que os funcionários se enxergam e o lugar aonde eles desejam chegar. Na maioria das vezes, suas percepções diferem das minhas quanto ao rumo que eles estão (ou não estão) tomando, e essa disparidade é uma indicação das áreas que precisam de aprimoramento.

Os meios de aprimoramento dos funcionários podem ser tão simples quanto um treinamento multifuncional ou um seminário ou tão avançados quanto um programa universitário. O mais importante aqui é ter um diálogo aberto e franco sobre o futuro e o papel do funcionário em relação a esse futuro. Gosto também de transmitir uma percepção de urgência no processo, porque quanto mais rápido eles começarem a desenvolver suas habilidades, mais facilmente a empresa crescerá.

Assim que chegamos a um acordo sobre o plano de ação, registro tudo, acrescentando os pormenores do procedimento escolhido. Na verdade, descrevo o treinamento específico pelo qual o funcionário deve passar, como cursos, seminários e assim por diante; as datas de conclusão no decorrer do ano; e os resultados almejados. Há também um espaço para a minha assinatura e a do funcionário, o que passa a valer como um acordo escrito quanto ao roteiro desse aprimoramento.

Esse documento tem vários efeitos secundários bastante benéficos. Primeiro, os funcionários sempre o consideram positivo, o que é bom para o moral. Segundo, ele me oferece um instrumento para travar conversas construtivas com os funcionários a respeito do progresso que estão tendo. Terceiro, eu e o funcionário temos uma ideia clara do tipo e do nível de desenvolvimento necessário no decorrer do ano, o que serve para diminuir a brecha para decepções. Como expliquei no capítulo anterior, a brecha para decepções encontra-se entre as expectativas que tenho em relação aos meus funcionários e suas reais limitações. Ao discutir abertamente minhas expectativas e suas limitações, posso prepará-los para o sucesso, em vez de inadvertidamente condená-los ao fracasso. Isso cria uma atmosfera de honestidade e segurança, o que acaba fortalecendo os laços entre os funcionários e a empresa.

Ao instituir o PDP na empresa, é aconselhável implementá-lo primeiro com os principais gerentes subordinados a você, para lidar com as nuanças. Assim que o processo estiver bem afinado, seus gerentes devem identificar os funcionários nos respectivos departamentos que precisam de aprimoramento e, em seguida, introduzir o processo em toda a empresa. A responsabilidade mútua gerada por esse processo é formidável.

Mentoria (*mentoring*)

Todos nós contamos com mentores na vida, tanto dentro quanto fora da empresa em que estamos trabalhando. Embora acredite firmemente em mentores e conselheiros externos, gostaria de dedicar esta seção ao **conhecimento tribal** existente em uma empresa que estrutura suas atividades comerciais e sua cultura. Construído ao longo do tempo, esse *know-how* (conhecimento) organizacional representa as experiências pessoais coletivas dos funcionários — algo além dos processos documentados e das descrições de cargo.

As informações e experiências coletivas são vitais para o sucesso de qualquer organização e determinam, em grande medida, seu ritmo em direção às suas metas. Portanto, a última coisa que você vai querer é que esse fluxo de conhecimentos seja uma proposição fortuita e aleatória. Lamentavelmente, na maioria das empresas empreendedoras, isso sempre ocorre porque os dirigentes fazem um mirrado trabalho no que se refere à transferência desses conhecimentos e experiências cruciais para toda a empresa.

Um sinal indubitável de que você não está difundindo esse conhecimento ocorre quando acorda num determinado dia e constata que as informações mais importantes de sua empresa estão confinadas a alguns funcionários extremamente valiosos, que, com o passar do tempo, tornaram-se indispensáveis à empresa. O aspecto adverso desse cenário é que, enquanto guardiões do conhecimento, esses funcionários podem prejudicar a produtividade ou interrompê-la gradativamente quando ficam sobrecarregados ou estão fora da empresa.

A princípio, pode até ser reconfortante ter pessoas com tanta experiência, e tudo caminha a contento desde que você esteja em sintonia. Mas as pessoas mudam de plano com o passar do tempo, e esses funcionários valiosos podem se tornar um problema da noite para o dia se resolverem não seguir mais a direção que você escolheu. Já perdi a conta do número de vezes em que ouvi algum empreendedor reclamar de ter se tornado refém de funcionários antigos porque tinha de atender às suas exigências simplesmente pelo fato de não ser possível substituí-los com facilidade.

É por isso que é **essencial** implementar um processo que transfira para toda a empresa o conhecimento de todos os funcionários, independentemente da quantidade de trabalho que isso possa representar. E uma das soluções mais eficazes que encontrei para difundir rapidamente esse conhecimento, **tribal** ou não, por toda a empresa, foi o **programa de mentoria formal**.

Sim, existem mentores informais em todas as organizações, normalmente uma ou duas pessoas idosas acessíveis e afáveis em torno das quais os mais jovens gravitam e buscam apoio e orientação. Ter alguns funcionários experientes acessíveis para levar os funcionários mais jovens sob suas asas e partilhar suas experiências é fundamental para o crescimento da empresa. Contudo, a mentoria não deve simplesmente tomar o sentido descendente do mais velho e mais sábio; ela precisa também trilhar o sentido ascendente.

Em sua gestão enquanto diretor executivo da General Electric (GE), Jack Welch percebeu a importância de aprender com os funcionários mais jovens da empresa e sempre lhes pedia para orientá-lo em novas áreas. Por exemplo, quando a empresa começou a fazer maior uso de tecnologia, ele selecionou vinte e poucos funcionários para ajudá-lo a compreender melhor a visão dessa geração sobre tecnologia. Essa conversa lhe permitiu ter uma excelente percepção da tecnologia do momento e também lhe mostrou de que modo sua equipe poderia usá-la para melhorar a produtividade.

Contudo, usar Welch como exemplo não é a melhor tática para tentar convencer os empreendedores. Poucos empreendedores têm ideia do que ocorre em uma empresa do tamanho da GE. Mas o mais importante a ser lembrado é que a **mentoria** não é um bicho de sete cabeças e que ela funciona em empresas de todos os tipos e tamanhos. Isso porque em essência, mentoria nada mais é que a reunião de dois indivíduos com o objetivo de compartilhar experiências e percepções por meio de conversas individuais ou em grupo. Formalizar esse processo só se justifica por dois motivos: garantir que todos tenham alguém com quem possam conversar e controlar a frequência das conversas. Essa abordagem possibilita que todos os níveis organizacionais se envolvam e contribui para uma sistematização em grande medida essencial.

O programa de mentoria formal tem igualmente outros benefícios. Os quatro sócios de uma firma de contadores licenciados me contratou como consultor porque estavam enfrentando um dilema. Eles eram bons para recrutar talentos recém-formados na faculdade, mas estavam tendo dificuldade para retê-los por mais de um ano. Evidentemente, afora o custo de recrutamento, contratação e treinamento, essa rotatividade estava afetando de maneira negativa a coesão dentro da equipe.

Diante desse cenário, analisei os comentários feitos nas entrevistas de desligamento e descobri uma tendência. A maioria dos colaboradores em seu primeiro e segundo ano saía em decorrência das semanas de trabalho de 65 a 70 horas exigidas nos períodos de pico. Eles achavam uma loucura trabalhar tanto. Por isso, saíam à procura de um ambiente de trabalho mais sadio. Conduzimos também algumas pesquisas no setor e descobrimos, ao conversar com outras pessoas da comunidade contábil, que muitos desses mesmos indivíduos acabaram deixando a empresa **subsequente** depois de mais ou menos um ano, alegando o mesmo problema.

Só depois que essas pessoas passaram por três ou talvez quatro empresas ao longo do caminho é que começaram a perceber que aquela era uma característica inerente do setor, e não apenas de uma firma "insana". Teria sido fácil simplesmente atribuir esse comportamento à imaturidade e inadequação desses funcionários para aquele setor. Mas a situação real era mais complicada do que isso; na verdade, esse fenômeno acabou se revelando um problema social comum.

Nessa época, um programa de notícias televisivo nacional apresentou uma matéria sobre a geração do milênio e seus problemas para se integrar ao ambiente de trabalho. Essa geração mais nova cresceu em um mundo ultracolaborativo, em que toda criança recebe um prêmio apenas por participar. Ganhando, perdendo ou empatando, você ganha um troféu ou insígnia — assim ninguém volta para casa com a autoestima lá embaixo. Entretanto, o problema com esse mundo sentimentaloide, é que aqueles que cresceram nele **nunca aprenderam a ganhar**. E agora eles estão entrando no jogo ganha ou perde mais acirrado que existe: o dos **negócios**. Uma única pessoa sai com um contrato na mão, e como todos sabemos, não existe segundo lugar.

Era por isso que, ao entrar no período de 65 a 70 horas de trabalho semanais, esses "milênios", também conhecidos como geração super Y, desistiam, e para eles todos aqueles que permaneciam só podiam ser loucos de trabalhar tanto. Caramba, cheguei até mesmo a ouvir a história de uma mãe que telefonou para o gerente para reclamar que a empresa estava exigindo muito de seu filho! Não é de estranhar que esses funcionários mais jovens só tenham caído na real na terceira ou quarta empresa em que trabalharam. Entretanto, a situação de um modo geral fez com que os sócios dessa firma de contadores caíssem na real.

Assim que conseguimos entender qual era o problema, implementamos rapidamente um programa de mentoria formal simplificado. A estrutura que utilizamos exigiu que os funcionários de um nível fizessem a mentoria daqueles no nível abaixo, e os sócios e gerentes mais experientes atendiam a vários níveis. Uma firma de contabilidade, por exemplo, normalmente tem cinco níveis de contadores:

- Estagiários ou universitários de meio período que estão se formando em ciências contábeis.
- Funcionários ou contadores de nível básico há um ou dois anos na empresa.
- Contadores seniores ou supervisores contábeis.
- Gerentes.
- Sócios.

Começamos pelo nível básico. Nesse caso, a mentoria era feita pelos funcionários, que serviam como ponte para que os estagiários tirassem dúvidas sobre questões elementares relativas aos procedimentos de trabalho. Essa interação também serviu para dar "boas-vindas ao clã", visto que os membros mais novos da equipe eram introduzidos rapidamente na estrutura social da empresa por meio de reuniões-almoço, *happy hours* e outros eventos.

Os funcionários, por sua vez, foram mentoreados pelos contadores seniores, intercâmbio que lhes possibilitava ter uma compreensão mais abrangente sobre o que precisavam fazer para progredir profissionalmente e lidar com trabalhos mais complexos. Em seguida, oferecemos uma alternativa aos contadores de nível sênior e gerencial: cada um poderia escolher alguém do nível acima deles como mentor. Os funcionários mais experientes também tiveram oportunidade de fazer essa escolha, classificando em ordem de preferência o indivíduo que eles queriam como mentor. Esse processo foi feito confidencialmente pelo departamento de recursos humanos; o funcionário qualificado só podia fazer três opções, visto que nenhum mentor podia trabalhar com mais de três indivíduos.

Assim que as opções foram aprovadas, realizamos um programa de treinamento formal para todos os mentores, a fim de discutir o que se podia e não se podia fazer na mentoria. A meta era que o mentor e mentoreado se reunissem pelo menos a cada 60 dias para discutir tudo o que desejassem, da vida profissional à vida pessoal. Dessa forma, todos aprenderiam não apenas se aperfeiçoar enquanto contador, mas também acolher com maior disposição o estilo de vida próprio da auditoria independente.

Nos anos subsequentes à implementação do programa de mentoria, a empresa experimentou um tremendo crescimento, na casa de dois dígitos. Três novos sócios emergiram do grupo, bem como um monte de novos gerentes e contadores seniores. A retenção, e também a lucratividade e o crescimento, aumentou significativamente, colocando a empresa na lista local das 100 melhores empresas para se trabalhar. Portanto, é exatamente **isso** o que eu chamo de canalizar o poder da matilha!

Livros

Ao longo da vida, descobri que ler o livro certo de negócios, no momento certo, é uma maneira eficaz e efetiva de introduzir novos conceitos e técnicas dentro da empresa. Minha paixão por livros começou aos cinco anos de idade, quando, por um problema de saúde passageiro, tive de tomar injeções nas nádegas toda semana, no decorrer de alguns meses. Não era tanto pelo medo de agulha, mas sentia que levar uma picada de agulha toda santa semana era um pouco demais. Então, para que eu me comportasse na frente da enfermeira e não gritasse, minha mãe me prometeu comprar um novo livro se eu ficasse bonzinho. E daí, nos meses seguintes (com exceção de um dia em que não me saí muito bem com a enfermeira), para cada agulhada ganhava um novo livro.

Embora um dia as injeções tenham chegado ao fim, minha paixão pela leitura nunca de fato me abandonou. Contudo, fiquei sem ler por um longo período — nos meus anos de TV, como costumo chamar, que se estendeu dos 8 anos até o momento em que completei 30. Minha afinidade pelos livros foi reacendida quando um funcionário meu e companheiro de motociclismo me tirou da frente da telinha ao deixar cair em minhas mãos um exemplar do livro *In Search of Excellence* (*Em Busca da Excelência*), de Tom Peters e Robert Waterman. Esse livro me atraiu a atenção imediatamente e marcou o início da minha odisseia pelos livros de negócios, que dura até hoje.

Um livro abriu caminho para outro, e desde então já devorei centenas de livros de negócios. Cite uma situação de desenvolvimento profissional ou pessoal e direi que provavelmente já li a respeito — e posso até dar o título de dois livros que falam sobre esse mesmo assunto. Além de me tornar um "piloto de empresas" mais valioso, os livros me abriram um mundo de novas ideias, perspectivas e opiniões que, de outra forma, eu não perceberia na vida cotidiana. Hoje, os livros fazem parte da minha vida diária tanto quanto a TV um dia fez, e sempre leio dois livros ao mesmo tempo. Um que fica na minha mesa de cabeceira e outro no CD do carro. Afinal de contas, para que me importunar com entrevistas ou músicas no rádio se eu posso ouvir um brilhante empresário?

Algumas das obras que li são bastante badaladas e populares, livros específicos de um determinado período, que têm vida curta na prateleira, como aqueles sobre a época do *boom* das ponto.com. Contudo, embora as teorias desses livros tenham se provado até certo ponto falhas, os ensinamentos que obtive ao comparar essas épocas passadas com o presente foram muito valiosos.

E existem os clássicos atemporais, dentre os quais tenho os meus prediletos. São leituras obrigatórias para todos os meus funcionários e clientes. Os princípios contidos nesses livros são atemporais e têm um imenso valor. Qualquer coisa que tenha sido escrita por Peter Drucker no passado ou por Jim Collins no presente sempre fará parte da minha biblioteca. Esses livros se distinguem nesse amontoado e se tornam referências de aprendizagem e ensinamento.

A principal coisa que você deve se lembrar ao introduzir livros em uma empresa — seja o meu livro ou um clássico de Peter Drucker — é que eles não são nada mais que uma compilação de experiências e opiniões de um determinado autor. Não há soluções milagrosas. E só porque as teorias contidas em um livro funcionaram para a GE de Jack Welch não significa que funcionarão em sua empresa.

A **maneira** como você introduz esses livros em sua empresa também é importante. Aprendi cedo na vida profissional que não era suficiente simplesmente passar um livro para as pessoas e pedir para que lessem. Costumava cometer esse erro com frequência: lia um livro excelente e comprava um exemplar para outras pessoas da empresa, pensando que todos nós entraríamos em sintonia após a leitura. Algumas semanas depois, costumava perguntar a opinião deles sobre o livro, constatando, para minha decepção, que nem sequer havia sido aberto ou então que havia sido interpretado de uma forma totalmente diferente da minha. Em ambos os casos, foi uma tentativa que deu errado e impediu a melhoria que eu estava procurando.

Adotei então um processo que ainda hoje utilizo: os livros são distribuídos durante uma reunião semanal e, com base em sua extensão e complexidade, eu e minha equipe estipulamos o número de páginas ou os capítulos que devem ser lidos a cada semana. E reservamos um tempo em nossas reuniões regulares para discutirmos sobre o livro. É ao longo dessas discussões que determinamos o que, se houver algo, se encaixa na empresa. Acho que esse método torna nossas reuniões mais interessantes, além de manter todos em sintonia em termos filosóficos e táticos.

Essas discussões semanais transformaram-se em um estudo de caso focalizado, em que determinamos de que forma aplicaremos os conceitos do livro na empresa. Os livros de negócios normalmente têm no máximo duzentas páginas. Portanto, em geral conseguimos ler um livro inteiro em quatro a seis semanas. Isso significa que, mais ou menos um mês depois, estamos aptos a partir dos conceitos contidos no livro para a realidade da empresa. E a discussão não para aí — porque os conceitos que escolhemos implementar passam a fazer parte do nosso plano tático e são revistos regularmente em nossas reuniões permanentes.

Por exemplo, alguns anos atrás, comecei a trabalhar com a equipe administrativa de uma empresa de *software* cujos produtos são vendidos em toda a América do Norte. Em seus mais de 25 anos de atividade, essa empresa dominou seu mercado, mas havia praticamente aberto uma cratera com o tombo que tomou quando da explosão da bolha ponto.com no final da década de 1990. A empresa estava à beira da falência e foi forçada a substituir seu diretor executivo e a iniciar um prolongado processo de *turnaround*.

A fase inicial desse *turnaround* foi um sucesso e a empresa recuperou rapidamente sua lucratividade. Contudo, seus problemas estavam apenas começando, porque a geração seguinte do seu principal produto, com o qual a empresa contava para fomentar seu crescimento futuro, revelou falhas graves. Os primeiros clientes a fazerem a atualização para o novo *software* estavam enfrentando problemas terríveis e clamando pela versão anterior. Porém, por uma série de fatores, era impossível atender a esse clamor, não deixando outra opção para o novo diretor executivo senão substituir o diretor da equipe de desenvolvimento.

Ao fazê-lo, ele levou para a empresa um competente diretor operacional para supervisionar as operações de um modo geral, bem como o desenvolvimento. Entrei em cena um pouco depois e vi esse novo diretor de operações não apenas reconfigurar sua equipe gestora, mas também substituir mais de 60% da equipe operacional. Essa mudança maciça de pessoal acabou provocando uma mudança cultural radical; os antigos funcionários passaram a ter de concorrer com os novos. Isso significava que meu trabalho era ajudar a fundir os dois lados — e transformá-los em uma equipe gestora de alto desempenho.

Depois de estabelecer a direção e o foco, trabalhei com o diretor de operações para reconfigurar a estrutura hierárquica e de reuniões, e em seguida mudamos nosso foco para alinhar filosoficamente a equipe gestora o mais rápido possível. Para que todos entrassem em sintonia, implementamos a análise de livros semanal.

Entretanto, embora eu goste de introduzir normalmente de oito a dez livros na empresa dos meus clientes, a sequência varia de acordo com a necessidade. Nesse caso, preferimos nos focalizar na comunicação porque havia pouca confiança entre os membros da nova equipe gestora, bem como em todo o departamento de operações. Começamos com o livro que ensinava técnicas comprovadas para tornar o processo de comunicação aberto e transparente. Tratava-se de um grupo de diretores **aficionados por tecnologia** (*geeks*, como são normalmente chamados), e esse troço pegajoso e sentimental era coisa do outro mundo para a maioria deles. Portanto, não foi surpresa para mim que a sugestão de leitura tenha sido encarada com extrema resistência. Todos estavam sobrecarregados de trabalho e não conseguiam compreender por que tinham de ler um livro tendo em vista o número de coisas que eles já tinham para fazer. Ouviam-se vários murmúrios comuns, como "estamos voltando para a escola" e "parece dever de casa", mas eu sabia por experiência própria que, com o tempo, os funcionários enxergariam o valor do conteúdo que estávamos abordando e entrariam de corpo e alma no processo.

Eu sabia que, como inúmeras pessoas hoje em dia, a maioria dos membros dessa equipe não havia mais aberto nenhum livro desde o momento em que saíram da escola, então começamos devagar. Concordamos em cobrir dois capítulos (ou aproximadamente quarenta páginas) por semana e em discutir na reunião semanal o que havíamos lido. Preparei também *slides* no PowerPoint com pontos de destaque e questões importantes para ajudar a facilitar a discussão — e também para ajudar aqueles que não haviam lido o conteúdo a acompanhar a reunião.

Essa falta de adesão ocorre em todas as organizações, porque sempre há alguém na equipe que espera para ver se a nova mudança vingará para só então se envolver. Mas não demorou muito para que aqueles que resistiram à leitura aderissem ao programa. Assim que ouviram os comentários de seus colegas de equipe sobre os efeitos positivos de terem aprendido a implementar o conteúdo, o conhecimento tornou-se contagioso e eles de fato começaram a ficar ansiosos pelo livro seguinte.

Depois que os membros da equipe gestora terminaram o primeiro livro — que elevava o processo de comunicação a um nível superior —, decidimos nos concentrar em gerenciamento de processos. Novamente, passei um livro clássico que lidava com identificação e controle de gargalos dentro da empresa, e reproduzi o processo que eu havia seguido na primeira vez. Continuei criando *slides* no PowerPoint, mas dessa vez contamos com **100% de participação** desde o início e os membros da equipe entraram de cabeça no conteúdo. As discussões ficaram mais vívidas, visto que suas habilidades de comunicação, agora aprimoradas, assumiram a frente, e começamos a assentar o alicerce para uma melhoria duradoura.

Até o momento em que escrevia este livro, havíamos abordado seis livros e a empresa usufruía de uma lucratividade estável em um mercado em constante mudança. Desde o início do processo de *turnaround*, concorrentes importantes haviam entrado no mercado. Portanto, para se defender deles, saímos dos princípios básicos e estamos agora aprendendo a construir uma grande empresa de grandes líderes que oferece aos clientes um atendimento exemplar.

Outro cliente meu já está bem à frente da minha lista usual de livros de negócios e agora utiliza com sua equipe gestora livros sobre personalidades históricas, como Henry Ford e Benjamin Franklin. Ele tem consciência da importância de ampliar o escopo para questões além dos negócios e acredita que criar um ambiente de aprendizagem contínua em grupo gera um desempenho de primeira linha. Embora os atuais livros de negócios sejam extremamente valiosos, os **clássicos** elevam o nível de conhecimento e a capacidade de raciocínio da equipe. É por esse motivo, ouso dizer, que não é uma coincidência esse diretor executivo específico ser três vezes mais lucrativo por loja do que seu concorrente mais próximo.

Tal como esses estudos de caso demonstram, o momento de introduzir um livro específico é determinado pelo plano tático da empresa e pelos problemas enfrentados ao longo da implementação. O bom é que existe uma pancada de livros por aí que podem atender às suas necessidades; você pode ver a lista dos meus favoritos no meu *site*, em www.BikersGuidetoBusiness.com.

Outras oportunidades de aprendizagem

Para ter alto desempenho, os três componentes da situação de aprendizagem que descrevi — o PDP, o programa de mentoria formal e os livros — devem passar fazer parte do seu estilo normal de atuar nos negócios. Entretanto, há várias outras opções para complementar a aprendizagem dentro de sua empresa, como seminários, palestras, conferências e outros recursos. A seguir apresento alguns que, na minha opinião, vale a pena considerar.

Centros de empreendedorismo

A maioria das grandes universidades conta hoje com centros de empreendedorismo, idealizados para promover o empreendedorismo entre o corpo discente e a comunidade. Normalmente, eles tomam como base as empresas empreendedoras consolidadas, e não as *start-ups* (empresas iniciantes). Eles oferecem um método de baixo custo para utilizar programas fantásticos, como palestras, *workshops* e cursos de nível universitário para aprimoramento dos funcionários.

Os empreendedores têm também oportunidade de obter consultoria gratuita de alunos de MBA que estão no último ano, com a orientação do instrutor. O interessante de tudo isso é que os alunos geralmente são mais velhos e fazem parte da força de trabalho, e isso traz para o seu projeto uma riqueza de experiências. Conheci também centros e universidades que se associam a empresas para idealizar cursos personalizados que atendam a necessidades específicas; dependendo do porte de sua empresa, talvez valha a pena examinar essa opção.

Trabalho pessoalmente com uma faculdade local, a Rollins College, para ajudar a idealizar *workshops* e mentorear mulheres empreendedoras por meio do programa Athena PowerLink. Mas uns dos meus programas favoritos é o que reúne de seis a oito diretores executivos para uma mesa-redonda sobre um determinado tópico de negócios. A sala fica cheia de alunos de MBA, que costumam ouvir a primeira metade do programa e, depois, na segunda metade, fazer perguntas. Isso leva as informações do reino da teoria para o reino da realidade do momento — algo de tirar o chapéu.

Se houver algum centro de empreendedorismo próximo, recomendo enfaticamente uma possível associação. Esse é um dos relacionamentos mais valiosos que você pode criar.

Grupos de pares

Muitas organizações estão promovendo reuniões mensais de grupos de pares, para diretores executivos, diretores financeiros ou diretores de operações. Atuo como facilitador e participo de grupos de pares desde 1994, e essas reuniões têm sido vitais para a minha sobrevivência e meu sucesso futuro nos negócios.

Caso você não conheça bem esse conceito, esses grupos são formados por profissionais do mesmo nível — no meu caso, diretores executivos — que se reúnem mensalmente para discutir problemas importantes que eles e a empresa estejam enfrentando. Essa é a nossa única oportunidade de compartilhar abertamente nossos medos e problemas mais profundos e obscuros com um grupo de pessoas que não apenas já estiveram na situação em questão, mas podem estar passando pelos mesmos problemas naquele instante. São assuntos que não temos coragem de revelar a outras pessoas da empresa em que trabalhamos, porque na maioria das vezes elas tendem a não compreender — ou acabam amedrontadas.

Os melhores grupos de pares são liderados por facilitadores pagos, com no mínimo seis a no máximo dezesseis membros. Recomendo grupos com não mais de oitos membros, visto que as reuniões não duram tanto tempo e, se houver muitas pessoas na sala, você corre o risco de não falar sobre seu problema naquele mês.

Além disso, verifique se todos os outros membros do grupo têm o mesmo nível que o seu. Em outras palavras, se você for o diretor executivo de uma empresa com quinze anos de existência, procure se associar a um grupo de *start-ups*. Ter outros membros em situação semelhante à sua assegura uma boa discussão e um *feedback* construtivo em todas as reuniões. A confidencialidade é também vital; você precisa de um ambiente seguro, em que possa falar sobre o funcionamento interno e os segredos comerciais de sua empresa.

Existem também grupos de pares para membros importantes da equipe administrativa, como diretor financeiro, diretor de operações, diretor de vendas e diretor de recursos humanos. Ao participar de um grupo desse tipo, eles podem se aperfeiçoar e ao mesmo tempo levar uma visão externa para a empresa.

Coaching (orientação)

Nos últimos seis anos, tenho recorrido a uma maravilhosa orientadora empresarial, cujo principal trabalho é me tornar uma pessoa responsável, visto que, no papel de diretor executivo da minha empresa, sou responsável por ninguém mais senão por mim mesmo. É claro que tenho um dever para com meus clientes e minha empresa, mas no final das contas, se eu quero virar para a esquerda, eu viro para esquerda. Entretanto, devo total satisfação à minha orientadora.

Temos duas reuniões por mês nas quais ela acompanha meu progresso e me ajuda a fazer planos e a estabelecer prioridades. Ela não tem medo de contestar minha maneira de pensar, e me cobra por trabalhos não concluídos ou por falta de produtividade. Eu a procuro para obter clareza e também para obter uma visão diferente da minha. Não é incomum receber um livro ou um *link* da *Web* dias depois de nossa reunião abordando especificamente algo de nossa conversa.

O principal benefício que essa orientadora oferece para a minha vida é a consistência das nossas conversas. Ela é a única que realmente caminha lado a lado comigo e conhece, em todos os momentos, 90% do que ocorre na minha vida. E isso é inestimável.

Consultores

A esta altura você já deve estar mais do que sabendo que eu sou consultor empresarial. Entretanto, meus clientes e também meus parceiros comerciais se referem a mim como **"anticonsultor"** por causa dos meus métodos e da minha postura com relação à consultoria de um modo geral. Sem dúvida existem inúmeros consultores excelentes no mercado, e acredito piamente que, se você tiver um projeto específico que necessite de orientação, ou se sua empresa não for grande o bastante para contratar um excelente talento em período integral, você deva contratar os serviços de um consultor.

O segredo para um bom relacionamento com um consultor, contudo, é compreender a natureza desse relacionamento, e para isso a primeira coisa que você precisa saber é **por que** você de fato necessita de um consultor e exatamente o que necessita que ele faça. Você deve seguir esse fito, porque os consultores são contratados, demasiadas vezes, para fazer **uma única coisa** — e então eles desfazem suas malas e permanecem por algum tempo, realizando trabalhos que estão além de seu escopo original. Em outras palavras, antes de contratar alguém, você deve saber que cara seu sucesso terá. Você deve estabelecer metas precisas e mensuráveis, como: "Meu volume de vendas aumentará em torno de 10% em um ano" ou "Terei um processo totalmente delineado para desenvolvimento de produtos no prazo de 60 dias". No meu caso, meus clientes sabem que nosso relacionamento será de longo prazo e girará em torno de um plano de cinco anos. É claro que no meio há intervalos — porque ninguém deve ficar em sua empresa por tanto tempo —, mas costumamos nos juntar novamente em algum momento.

Independentemente de o trabalho ser curto ou longo, assim que contratar um consultor, sua função é mantê-lo focalizado. Se você não fizer isso, acordará num determinado dia e verá que o consultor ultrapassou o escopo original do trabalho e no momento está se intrometendo em outros segmentos de sua empresa. Antes que se dê conta, estará pagando o dobro do que originalmente pretendia, sem receber os benefícios em dobro.

É verdade, pode até haver motivos que levem um consultor a entrar em uma determinada área para a qual ele não foi originalmente contratado. Mas discuta essa nova mudança inteiramente, e avalie-a com relação a seu plano tático. Se ela for necessária para a execução do plano, vá em frente; se não, não dê esse passo. Nunca comece a ajustar uma área de sua empresa só porque isso lhe parece uma boa ideia. Seja fiel ao seu plano, porque **contratar um consultor no momento errado é pior do que não contratar nenhum**.

A maneira como você implementará as ferramentas e táticas relacionadas anteriormente será exclusiva para sua empresa. Portanto, não se preocupe com o estilo. Concentre-se apenas em criar um método de aprendizagem coerente porque você não conseguirá um alto desempenho sem isso.

Regras da estrada

- Somente as organizações de aprendizagem podem tirar o máximo de proveito do mercado, que está sempre mudando.
- Elabore um plano de aprendizagem formal, porém fácil de implementar, para a sua empresa e para os funcionários.
- O conhecimento deve fluir naturalmente em toda a empresa.
- Estruture o plano com base no que é essencial à implementação das táticas necessárias à consecução de suas metas.
- Crie um Clube Livro do Mês.*

Para aguçar suas habilidades, você pode utilizar algumas ferramentas gratuitas e obter instruções detalhadas no meu site: *www.BikersGuidetoBusiness.com*.

---

* Uma analogia com o Book of the Month Club. (N. da T.)

CAPÍTULO 17

A função do capitão de estrada

Escrevi este livro com a intenção de ajudá-lo a chegar são e salvo aonde você deseja. Os dias e as semanas passam como um furacão. Todos os dias, portanto, precisamos acordar e dar corda aos nossos objetivos, estejamos ou não preparados. No capítulo anterior, utilizei algumas histórias para falar sobre como meus clientes e eu empregamos as ferramentas, dicas e técnicas contidas nos livros de negócios da atualidade. É fundamental salientar que o fato de eu ter tido êxito em empregar uma determinada técnica de uma maneira específica não significa que essa seja a única forma de empregá-la, tampouco que você deva proceder exatamente como eu. E lembre-se de que a pior coisa que você pode fazer em relação às informações contidas neste ou em qualquer outro livro é conduzir sua equipe em uma viagem experimental.

Quando estou andando de moto, recuso-me a seguir qualquer capitão de estrada que mude de direção sem mais nem menos, virando para este ou aquele lado sem nenhum propósito ou por algo insignificante. Infelizmente, nas várias oportunidades em que visitei meus clientes, ouvi histórias de equipes abominadas, que se sentiam como se estivessem sendo forçadas a seguir um "capitão de estrada" desse tipo, quando o chefe as empurrava para uma ou outra direção dependendo do último livro que havia lido. Informações e conselhos são uma faca de dois gumes e o modo como optamos por integrá-los em nossa vida profissional cotidiana indica se a viagem que estamos para empreender será tranquila ou se poucos subirão a bordo. Por isso, achei que seria melhor encerrar este livro com algumas recomendações sobre o que devemos ou não fazer. Talvez elas possam ajudá-lo a se tornar um capitão de estrada mais eficiente na condução de sua equipe. E como nada é absoluto, seu estilo ditará de que modo você usará o que eu escrevi.

Um tombo retumbante

Quando comecei a trabalhar como facilitador em grupos de diretores executivos, não enxergava o perigo que era oferecer conselhos definitivos a alguém sobre um determinado problema. Eu e outros diretores executivos costumávamos ouvir atentamente nossos colegas e em seguida, sem ao menos parar para pensar, recitávamos com gosto nossas soluções — certas ou erradas —, normalmente em situações em que o futuro de alguém estava em jogo. Pelo menos uma vez a cada reunião, recomendávamos que alguma pessoa fosse despedida ou removida de um cargo, tendo quando muito metade das informações necessárias para tomar essa decisão. Ainda hoje me sinto constrangido quando volto a esse dia e me lembro do *feedback* que demos.

Consegui finalmente enxergar esse risco com nitidez quando Glenn, um cliente relativamente novo, foi sem mais nem menos forçado por seus sócios a deixar o cargo de sócio-diretor de uma empresa local. Eu havia sido chamado nos três meses precedentes para tentar reparar uma falha de comunicação entre ele e seus três sócios. Só depois de sua rescisão é que compreendi que o motivo básico dessa demissão. Glenn participava de um grupo de diretores executivos facilitada por outro consultor na cidade, que eu conhecia, mas com o qual não tinha relação.

O facilitador e os membros desse grupo eram empresários qualificados e bem-sucedidos. Portanto, o problema não tinha nada a ver com as credenciais de Glenn. Na verdade, tinha tudo a ver com o fato de eles terem dado um *feedback* fundamentado em informações insuficientes. Glenn é um diretor extremamente persuasivo, que sabe como ninguém vender suas ideias e raramente abre mão delas. Portanto, os outros diretores executivos que faziam parte desse grupo ouviram apenas o lado um tanto apaixonado de sua história — e nunca tiveram oportunidade de ouvir o outro lado. Esse *feedback* só serviu para reforçar ainda mais a postura obstinada de Glenn, que, armado do aval de seus colegas executivos, lutou com unhas e dentes para levar suas ideias adiante em sua empresa. Ele não conseguia compreender por que seus sócios discordavam dele.

Diante de sua incapacidade de ouvir, seus sócios acabaram se cansando. O ressentimento fermentou e não havia mais possibilidade de ser ignorado nem superado. Por isso, numa bela terça-feira de manhã, os sócios de Glenn lhe pediram para deixar a empresa e sumariamente compraram sua participação acionária.

Relembrando agora toda a situação, tenho certeza de que, se tivessem ouvido ambos os lados da história, esses diretores executivos teriam dado outro conselho a Glenn. Em vez disso, contudo, provocaram involuntariamente sua demissão, o que vem confirmar que: **"O caminho do inferno está cheio de boas intenções"**, um ditado milenar.

O que se deve tomar como lição aqui é que as histórias sempre têm dois lados e a realidade sempre se encontra no meio. Quando discutimos um problema com uma pessoa, a qualidade do conselho que ela nos dá é tão boa quanto as informações que lhe passamos. Além disso, somos incapazes de expor verdadeiramente os dois lados da história. Por isso, sempre que recebemos um *feedback* de um conselheiro confiável (ou extraímos algo de um livro de negócios), é fundamental parar e filtrá-lo com cuidado. Isso lhe parece correto? O que os membros da equipe administrativa pensam sobre essa mudança e de que modo isso os afetará?

Os empreendedores não raro são impelidos a tomar decisões no vazio ou a agir segundo sua intuição. Quando queremos implementar mudanças em uma empresa, mudanças que afetarão radicalmente o modo como ela é conduzida, **precisamos** ficar atentos aos *feedbacks*. Se seu sócio ou a equipe administrativa continua desacordando, pergunte-se por quê. Porque, a menos que você esteja rodeado de pessoas estúpidas, deve haver um motivo válido para essa discórdia. Pare por um tempo suficiente para compreender e avaliar totalmente as posturas contrárias à sua. Afinal de contas, por que se dar ao trabalho de ter essas pessoas à sua volta se você não vai ouvi-las?

A importância do estilo

Não costumo andar de moto com frequência com determinados amigos meus, principalmente porque eles têm um estilo diferente. Por exemplo, um dos meus melhores amigos, quando monta em sua moto, encarna o Evel Knievel. Quando saímos para um agradável e descontraído passeio numa manhã de sábado, não dá outra. De repente ele está nos levando para uma interestadual, onde ele possa decolar a 145 km/h. Não importa o quanto me esforce para alcançá-lo, ele não diminui a velocidade e não consegue de forma alguma andar em outra velocidade que não seja igual ou próxima da que ele prefere.

Consequentemente, poucas vezes andamos de moto juntos, e não apenas pelo perigo que é andar na velocidade com que ele costuma pilotar. Sua paixão pelo motociclismo tem mais a ver com velocidade. Apreciar o que está à sua volta e curtir o passeio é menos importante. Infelizmente, ele não é o único, pois vários outros amigos são viciados na adrenalina de andar de moto em alta velocidade. Entretanto, não sou totalmente contra andar em alta velocidade no momento certo, mas, para mim, andar de moto significa desacelerar e curtir o momento. Quero ver as coisas ao longo de um caminho que já percorri centenas de vezes como se as estivesse vendo pela primeira vez.

No final das contas, nem um nem outro está errado; só encaramos o motociclismo de forma diferente. Por isso, quando resolvo compartilhar da companhia dessas pessoas num passeio de moto, sei o que me espera e dou isso por encerrado. Curto com eles algumas partes do percurso. Depois de rodar 250 km ao longo de um dia, o estilo de cada um acaba se evidenciando — e deixamos de ser um grupo para nos tornarmos indivíduos. Por fim, eles decolam com tudo, e eu fico para trás, cavalgando no **meu** trote.

Nesse caso, o perigo é se eu, o piloto mais vagaroso, tiver algum problema com minha moto e precisar de assistência. No instante em que eles se derem conta da minha ausência, centenas de coisas já terão dado errado e muito já terá passado. Hoje, com o telefone celular e os serviços de socorro oferecidos nas estradas, é mais fácil resolver possíveis problemas com a moto. Mas tente levar essa questão de diferença de estilo de dirigir pensando no bem-estar de sua empresa. As diferentes condutas existentes em sua empresa costumam se integrar e se complementar? Com certeza você não quer ter só pilotos lentos ou só pilotos que costumam andar acima da velocidade permitida; uma mistura equilibrada é essencial. Observe apenas que as coisas podem correr mais tranquilamente se o estilo dos membros de sua equipe complementar o seu — principalmente quando introduzir mudanças ou estiver lidando com algum problema.

Aprendi durante todos esses anos de estrada que há mais de uma maneira de escalar uma montanha. Em minhas viagens de negócios, não raro tive oportunidade de ver dois empreendedores do mesmo setor abordarem problemas semelhantes de uma forma imensamente diferente — e vi ambos se darem bem. Nos dois casos, o sucesso foi possível porque eles conheciam e não abriam mão de seu estilo, o que lhes permitia simplesmente ser o que eram todo santo dia.

Se uma determinada solução exige que você (ou um membro de sua equipe que esteja lidando com o problema em questão) faça algo inadequado, pense duas vezes. Se você não for uma "pessoa muito sociável e comunicativa" e a solução exigir que fique fora de sua sala por longos períodos para cumprimentos e tapinhas nas costas, mais dia menos dia você dará com os burros na água. É como andar a 150 km/h — consigo fazer isso durante algum tempo, mas não demoro muito para voltar a agir de acordo com o meu verdadeiro caráter e a fazer aquilo que me sinto mais à vontade para fazer. De modo similar, quanto mais você introduzir mudanças que vão contra seu estilo, menor a probabilidade de a verdadeira mudança pegar. Todas as suas primeiras iniciativas se perderão, porque sua equipe simplesmente ficará esperando que você desista e volte a ser o que era.

Todo grande capitão de estrada sabe que, quanto mais complexo o problema que o grupo enfrenta, mais simples deve ser a solução. Ele age de forma coerente, e isso permite que seus seguidores curtam mais a viagem e cheguem na hora certa e mais seguramente a seu destino.

Entrosamento com a equipe

O melhor exemplo de entrosamento de equipe que conheço no mundo dos negócios vem de um pai e de um filho que influíram de maneira positiva na transição de liderança da empresa. Essa história não diz respeito à transição em si, mas à capacidade inata de ambos de se comunicar com a equipe, de uma maneira tal que, no decorrer de 40 anos, eles ergueram uma empresa com mais de 400 pessoas que se sentia como uma empresa com 50.

Logo depois que fui contratado para prestar consultoria a essa empresa, visitei cada uma de suas filiais no Estado. Minha missão era identificar as necessidades desses pontos geograficamente dispersos de modo que a matriz pudesse atendê-los melhor. Quando a questão da comunicação entrou em pauta, ouvi a mesma história repetidas vezes. No princípio, Joe (o pai) era o principal vendedor e cobria todo o Estado, atraindo negócios para as filiais. Isso numa época em que ainda não era possível anunciar sua agenda de visitas pelo *Outlook*, o que geralmente o levava a aparecer na filial inesperadamente para entrar em contato com seu "pelotão" quando estava passando por aquela área.

A história que ouvi dos funcionários dessas filiais era de um diretor cansado que chegava ao estacionamento às 16h45min com o nó da gravata já frouxo, depois de um longo dia de visitas de representação, carregando um isopor de cervejas geladas. Todo o mundo da filial, do gerente ao assistente de mecânico, costumava se reunir, tomar uma gelada e ter uma conversa descontraída com Joe. Na verdade, o próprio Joe costumava dar uma mãozinha para a maioria deles, uma oportunidade que eles tinham para compartilhar com ele as dificuldades do dia e a história dos trabalhos que estavam realizando naquele momento. Às vezes, conversavam sobre problemas sérios, mas na maior parte do tempo riam e faziam brincadeiras sobre o que acontecia dentro da empresa. Falavam também sobre o que estava ocorrendo na vida pessoal e com a família. Durante todo esse tempo, eles estavam construindo uma cultura, a cada intervalo e a cada cerveja.

Saltemos agora para o final da década de 1990 — quando seu filho mais velho, Don, já se encontra no terceiro ano do período de transição de cinco anos para o cargo de diretor executivo. Tendo iniciado sua carreira na empresa aos 7 anos de idade, varrendo a loja nos fins de semana e após a escola, Don ocupou praticamente todos os cargos na empresa e era extremamente respeitado. Todo o mundo sabia que ele tinha a mesma paixão que o pai pela empresa e pelos funcionários. Contudo, havia um pequeno obstáculo. Don não era tão calmo e aparentemente afável quanto seu pai e não fazia parte de seu estilo aparecer com um isopor de cervejas e bater papo. Mas ele sabia que estava faltando alguma coisa na área de comunicação, e minhas entrevistas confirmaram que ele precisava encontrar um estilo só dele para envolver seus funcionários.

O problema era como. Para ele era patente que não faria de conta que fosse seu pai, aparecendo com um caixa de cervejas. Caramba, mesmo se ele tivesse querido fazer isso, não teria provocado o mesmo impacto que seu pai provocara em sua época. O pai de Don era mais que o ex-diretor executivo; ele era o fundador da empresa e uma personalidade carismática no setor. Desse modo, Don preferiu manter tudo um pouco mais formal e implementou o **Pizza com o Presidente**. Era uma visita às filiais uma vez a cada trimestre, com uma pilha de pizzas, em que almoçava com todos enquanto respondia perguntas e conversava com os funcionários.

O almoço conjunto adequou-se melhor ao estilo de Don do que o *happy hour* e o fez se sentir mais à vontade, o que ajudou seus funcionários a encará-lo como um líder autêntico. Até hoje, esse almoços ajudam Don a se entrosar com a empresa de uma forma que os relatórios diários redigidos ao computador não conseguiriam. Portanto, não é de surpreender que durante o mandato de Don no cargo de diretor executivo a empresa dobrou suas receitas e continua a ser uma das melhores do ramo.

Uma história oposta é a de Greg, que mais ou menos na mesma época que Don, assumiu o controle da empresa do pai já com 40 anos de existência. Não havia filiais, e no período de transição, o pai de Greg passava 50% do tempo fora, atuando em um ou outro conselho. Com o passar dos anos, ele se tornou a figura central da comunidade e estava apto a cumprir essa função principalmente porque havia passado vários anos construindo essa sólida infraestrutura, enquanto Greg ficava na retaguarda, conduzindo o dia a dia da empresa.

Tal como Don, Greg havia subido por esforço próprio na hierarquia da empresa do pai e a conhecia bem. Contudo, diferentemente de Don, ao suceder o pai, Greg não conseguiu identificar todos aqueles pontos de conexão extremamente importantes e indispensáveis para tocar a empresa de maneira promissora. Preencheu rapidamente o cargo de gerente de vendas que ele ocupava, colocando uma pessoa externa, e assumiu todas as funções do cargo do pai. Participava de todos os conselhos, comunicava-se com a comunidade e, com o tempo, tornou-se presidente da câmara de comércio local. Embora todas essas funções fossem compensadoras, poucas tinham um impacto direto sobre a empresa.

Infelizmente, com todas essas atribuições, Greg tinha pouco tempo para treinar e supervisionar o novo gerente de vendas, uma situação que ocasionou um entra e sai de pessoas, contratação após contratação, e acabou em briga e, com o tempo, em fracasso. Consequentemente, a rotatividade no departamento começou a disparar à medida que mais e mais vendedores se demitiam por falta de direção. Não demorou muito para que a empresa começasse a perder participação de mercado e as vendas não parassem de cair no decorrer de alguns anos.

Greg procurou ajuda em todos os lugares para lutar contra a maré e com o tempo entrou em um grupo de diretores executivos, que lhe aconselhou a se demitir de um ou dois conselhos para passar mais tempo na reconstrução de sua infraestrutura de vendas. Porém, visto que esse *feedback* não era o que Greg queria ouvir, ele não o seguiu e em pouco tempo deixou o grupo. Continuou olhando para todos os lados, mas ainda ao espelho, e no momento em que percebeu que o que sua empresa mais precisava era de seu envolvimento direto, já era tarde demais.

A lição aqui é que, em vez de tomar o tempo necessário para moldar sua própria identidade na empresa, Greg se limitou a assumir a identidade do pai, usufruindo temporariamente de todas as pompas que acompanhavam o cargo de diretor executivo. Contudo, por não fazer por merecer e não cumprir com as obrigações necessárias para assumir um cargo diretivo, Greg não fez outra coisa senão liquidar com uma empresa com uma longa história de lucratividade. Lembre-se, o preço que você paga para galgar o degrau seguinte não é o mesmo necessário para se manter nele.

Toque pessoal

Estou sempre em contato com empreendedores que estão tentando desesperadamente descobrir de que modo podem impedir que suas mensagens e metas sejam enfraquecidas de maneira drástica — ou totalmente mal interpretadas — pelas pessoas responsáveis por transmiti-las e divulgá-las à empresa como um todo. Certamente, parte do problema é a superdependência que se tem hoje nas inúmeras possibilidades de comunicação. Nada é mais eficaz para contorcer o significado de uma mensagem do que o uso exagerado de *e-mails*, torpedos, correio de voz e faxes ocasionais.

Na estrada, o capitão tem várias formas de se comunicar com os demais motociclistas. Contudo, são as conversas individuais nos postos de abastecimento que lhe permitem saber da situação de cada um. Ele precisa conhecer o grau de experiência e a velocidade ideal para cada, caso o tempo ou as condições da estrada mudem ao longo do percurso.

No mundo empresarial, é vital, especialmente para os empreendedores, conhecer, de primeira mão, esses mesmos fatores com respeito à equipe. Como vimos, os melhores líderes mantêm contato corpo a corpo com todos os níveis da empresa. Infelizmente, com frequência confundem delegação com comunicação. Não basta dizer ao diretor de operações o que precisa ser feito — é necessário dar uma volta e verificar se as pessoas, em todos os níveis hierárquicos abaixo ouviram e **compreenderam** sua mensagem integralmente. É também fundamental identificar se, além de compreender a mensagem, eles têm tudo o que precisam para proceder de acordo.

Fred, um cliente, aprendeu isso a duras penas. Ao reestruturar sua empresa, cortou três de seus cinco subordinados diretos, ficando com o diretor executivo financeiro e com o diretor de operações, Sam. Ele imaginou que, se reduzisse a equipe a seus dois diretores mais confiáveis, suas mensagens ao restante da organização se tornariam mais incisivas e instantâneas, melhorando, portanto, o processo de comunicação em toda a empresa.

Essa mudança parece ter funcionado por aproximadamente um ano, mas os problemas em algum momento começaram a se evidenciar. Fred e Sam começaram a ter divergências filosóficas, o que fez com que Sam alterasse de maneira significativa as mensagens de Fred aos gerentes de nível médio. Quando Sam discordava das diretrizes de Fred, ele não informava aos gerentes que elas provinham da equipe administrativa (da qual Sam era um dos principais membros); na verdade, ele as apresentava referindo-se a Fred como "ele". Essa mudança em sua maneira de expressar abriu uma fenda, que então se tornou um abismo e passou a ameaçar o próprio futuro da empresa.

Com o passar do tempo, Sam simplesmente mudou os gerentes para o rumo que ele queria seguir boicotando as informações que Fred solicitava ou colocando seus pedidos em segundo plano. É necessário deixar claro aqui que ambos estavam totalmente comprometidos com o sucesso da empresa; a questão foi que ambos tinham ideias diferentes sobre os meios de conquistar esse sucesso. O problema foi que, ao confiar cegamente em Sam, Fred perdeu o contato com seus antigos gerentes intermediários e não teve oportunidade de conhecer melhor os novos. Isso fez com que Fred ficasse cada vez mais decepcionado com o desempenho da empresa, já desbotado. Além disso, nas reuniões semanais com a equipe administrativa, ele começou a questionar abertamente o talento e a capacidade da equipe para tocar a empresa adiante.

No momento em que entrei no jogo, aconselhei Fred a começar a se entrosar novamente com seus gerentes de nível médio frequentando as reuniões semanais que Sam presidia. Isso provocou outro dilema: quando Fred enxergou o grau de talento existente na sala, percebeu que o problema não estava necessariamente com aqueles gerentes, mas com Sam. Assim que reconheceu esse fato, o problema lhe pareceu simples de resolver — tirar Sam de cena e começar a trabalhar diretamente com os gerentes para colocar a empresa novamente nos trilhos. Mas isso era mais fácil falar do que fazer, principalmente porque os gerentes na verdade não conheciam Fred. Ao longo dos anos, Sam os havia afastado de Fred.

Para resolver essa questão, implementamos uma espécie de campanha interna de participação ativa em que Fred começou a frequentar mais as reuniões com os gerentes e a se envolver com a equipe tanto em conversas filosóficas quanto táticas. Em seguida, ele agendou uma série de reuniões individualizadas com cada um dos gerentes no almoço ou no café e começou a conhecê-los individualmente. Porém, essa campanha interna só provocou confusão entre os gerentes, não tanto acerca da direção ou do foco da empresa, mas com relação a quem eles deveriam dar ouvidos.

Estava mais do que óbvio que a filosofia de Sam e Fred não estava mais em sintonia. Esse desacordo rapidamente passou a ser pessoal, o que tornou a saída de um deles inevitável. Sam acabou sendo solicitado a deixar a empresa, e embora a perda de seus talentos tenha sido lamentável e grave, a característica desagregadora de seu estilo de gestão não foi. Toda essa situação poderia ter sido evitada se Fred não tivesse se fiado tão cegamente na tradicional hierarquia organizacional. Infelizmente, ele imaginou que superaria as barreiras conversando diretamente com os subordinados de Sam, em vez de usar Sam como intermediário.

A situação de Fred e Sam ressalta a importância de compreender que aqueles dias em que se conduzia uma empresa por meio de canais rígidos — em que os funcionários devem "fazer aquilo que são solicitados a fazer" — já se foram. A atual geração de trabalhadores está acostumada com a **colaboração**. Esses funcionários reconhecem seus líderes não pelo retângulo que envolve sua função naqueles antigos organogramas organizacionais, mas pelo contato pessoal diário. Portanto, nunca perca contato com sua equipe.

Bifurcações na estrada

A história sobre o conflito entre Fred e Sam é um excelente exemplo de que toda cavalgada tem começo e fim. No motociclismo, o grupo primeiro se reúne na cidade em algum posto de abastecimento ou lugar para tomar o café da manhã e se despede quando os pilotos saem de formação, um por um, na saída rumo à sua casa. O capitão de estrada sempre tem consciência disso. Portanto, ele nunca se surpreenderá quando um membro do grupo sair da formação e tomar uma direção diferente.

No início deste livro, comparei a vida pessoal e profissional com uma longa viagem e disse que o segredo para uma viagem bem-sucedida é identificar as saídas que você deseja pegar. Essa filosofia também é verdadeira para aqueles que trabalham para nós e conosco. Infelizmente, costumamos ficar tão concentrados em nossas saídas que raras vezes percebemos quando membros importantes da equipe pegam sua própria saída, o que normalmente torna esses acontecimentos uma surpresa. Essa bifurcação inevitável na estrada ocorre de várias formas e por motivos distintos, como diferenças filosóficas, falta de talento, incapacidade de mudar ou falta de paixão. Todos nós sabemos quando esses desvios estão se aproximando; a parte difícil é não os levar para o lado pessoal.

Como ocorreu no caso de Fred e Sam, os sinais de advertência para uma bifurcação iminente na estrada normalmente ficam ali durante meses (e estão sempre visíveis se você prestar atenção); entretanto, eles são facilmente negligenciados. A maneira mais fácil de determinar se você está diante de uma verdadeira bifurcação é realizar um teste de tornassol, como na aula de ciências. Identifique o trabalho que está sendo feito e responda as seguintes perguntas:

- Esse trabalho está sendo feito pontualmente e com a qualidade que você deseja?
- Se não, por quê? Seria por uma diferença filosófica?
- Seus funcionários têm as habilidades necessárias?
- Eles resistem às mudanças? Ou será que não se importam mais com elas?

Se você responder **sim** a qualquer uma dessas perguntas, converse com os membros de sua equipe imediatamente ou o quanto antes! Tente se envolver com os problemas e sentimentos pessoais deles. Lembre-se, isso simplesmente tem a ver com o trabalho a ser feito. Seu negócio é fornecer produtos ou serviços; **não** é salvar ninguém. Deixe isso para um padre ou um orientador psicológico profissional. Os gerentes gastam muito tempo e dinheiro tentando salvar indivíduos que, dois anos antes, eram funcionários-modelo. O modo como eles atuam **no momento** é o que eles de fato são; se o nível de desempenho deles não for aquele que você deseja — se as respostas às perguntas anteriores não lhe passarem aquela vaga sensação de entusiasmo e de que eles têm capacidade para chegar lá —, então você precisa romper essa relação **agora**. As decisões a respeito de manter seus funcionários devem se basear não apenas na lealdade e no desempenho passado, mas na capacidade de desempenho futura.

As bifurcações na estrada são uma parte natural da evolução de uma empresa e devem ser encaradas dessa forma. Você não pode levar esses acontecimentos para o lado pessoal, porque não há realmente nada que você possa fazer quando está diante de um. A única postura que você pode ter é romper amigavelmente e deixar que cada um siga feliz o seu caminho. Quanto mais cedo você perceber que essas rupturas são inevitáveis e aceitá-las, mais cedo poderá dar o passo seguinte para atingir o nível de desempenho que está procurando.

Regras da estrada

- A viagem é sua — volte a usufruí-la.
- Seja sempre fiel ao seu estilo.
- Lembre-se de que você é a única pessoa permanente na empresa. Todas as demais são temporárias.

CONCLUSÃO

"Quando descobrimos nossa missão, percebemos o que nos cabe. Somos preenchidos de um entusiasmo e de um forte desejo de começar a persegui-la."

— W. Clement Stone

Quando vemos um grupo de motociclistas passando na estrada, é seguro supor que quase todos tenham profissões e estilos de vida diferentes. Pode apostar. Vá a qualquer festival de motociclistas e encontrará contadores, advogados, médicos, mecânicos, carpinteiros e os motociclistas realmente grosseiros. Nós nos encontramos para celebrar a **cultura do motociclismo**; frequentamos esses lugares para cultivar nossa paixão. Nos negócios, ocorre a mesma coisa. Quando vemos um grupo de empresários aficionados — todos com um imenso desejo de chegar ao destino que desejam —, é bacana!

Iniciei este livro falando sobre **paixão** e terminarei com esse mesmo assunto, porque tudo o que falei aqui de nada vale sem a paixão. A paixão é o que nos distingue enquanto empreendedores e o que alimenta nossos desejos. A citação no início desta página, do renomado empresário e escritor W. Clement Stone, fala sobre a importância de seguirmos nossas paixões. Espero que as percepções e os princípios que compartilhei com você neste livro o levem a adotar uma postura mais centrada no trajeto cotidiano que você tem de percorrer em sua vida como empreendedor.

Lembre-se, a paixão só pode florescer em um ambiente em que seja possível concretizar coisas. Tanto na vida profissional quanto na pessoal, paixão e missão não prosperam uma sem a outra. Portanto, de tudo isso, o mais importante sempre é o trabalho a ser feito, e você, no papel de líder, deve dizer claramente e com absoluta determinação:

Esta é a minha empresa.

Esta é nossa cultura.

E é este o lugar para onde estamos indo.

Porque a felicidade bate à porta quando transformamos nossa paixão em realização!

Pilote com cuidado e curta sua viagem!

MAIS REGRAS DA ESTRADA

Utilizei ao longo deste livro inúmeros *bikerisms*,* como meus clientes costumam dizer. Quase da mesma maneira que os grandes atletas empregam determinadas frases para restabelecer o foco, meus clientes utilizam essas máximas para manter o foco e permanecer no caminho certo. Nesse sentido, imaginei que seria de grande valor relacionar algumas das minhas favoritas, bem como algumas opiniões sobre elas.

1. A felicidade bate à nossa porta quando transformamos nossa paixão em realização.

Normalmente, temos verdadeira paixão por aquilo que sabemos fazer bem, e isso alimenta ainda mais nosso desejo de voltar a fazer essa mesma coisa mais vezes. Tanto em sua vida pessoal quanto profissional, tente encontrar sua verdadeira paixão, concentre-se nela e procure se aprimorar, buscando a excelência. Isso lhe fará muito bem.

2. É necessário perceber o que está no meio.

Todos nós podemos identificar onde estamos no presente, e quase todos nós conseguimos identificar o lugar que desejamos estar no futuro. Entretanto, conseguir chegar a esse destino com sucesso depende inteiramente de sua capacidade de identificar e concentrar-se no que está no entremeio. Todos os seus planos e ações subsequentes devem estar de acordo com o contexto do lugar aonde deseja chegar. Se o desígnio de suas ações não for para fazê-lo se aproximar cada vez mais de sua meta ou ao menos prepará-lo para chegar ao seu destino, você precisa parar para pensar por que está agindo dessa forma.

---

* Máximas do motociclismo. (N. da T.)

3. O segredo do sucesso não é reconhecer oportunidades, mas reconhecer aquelas oportunidades que você não deve perseguir.

Os empreendedores têm inúmeras habilidades, mas nenhuma é tão boa quanto sua capacidade de enxergar oportunidades. Mas será que uma determinada oportunidade é adequada para você? Ela se enquadra ao seu percurso intermediário e é compatível com sua missão? E ainda que ela lhe seja adequada, você de fato precisa persegui-la **agora**? Nada pode tirar mais rápido uma empresa de sua rota do que perseguir uma oportunidade errada ou uma oportunidade mais ou menos adequada na hora errada. Em outras palavras, procure ter plena segurança antes de tomar qualquer rumo.

4. A vida pessoal e a vida profissional são dois lados da mesma moeda.

Li vários livros de inúmeros supostos especialistas e consultores pessoais que nos dizem para "deixar o trabalho para trás" às 17h em ponto. Essa é uma das recomendações mais ridículas que já ouvi. Pelo amor de Deus, somos empreendedores! A empresa é nossa **paixão na vida** e o lugar em que passamos a maior parte do tempo em que estamos acordados. Quando não estamos **na** empresa, estamos pensando a respeito dela. O segredo para que isso funcione é aceitar esse fato e não arredar pé, sem precisar pedir desculpas a ninguém.

5. Ter equilíbrio é tão importante quanto tocar a linha de chegada.

Essa máxima é compatível com a anterior. Para encontrar esse equilíbrio extremamente difícil, você deve primeiro perceber que cada um tem um ponto de equilíbrio diferente. Por exemplo, uma imagem pode parecer indecente para uma pessoa e perfeitamente aceitável para outra. O equilíbrio é também uma coisa pessoal e não tem uma medida padrão. Somente quando determinamos aonde queremos chegar e com que rapidez precisamos chegar a esse lugar podemos avaliar melhor o quanto de energia e tempo devemos empregar. Nenhuma pessoa e nenhum motor é capaz de funcionar à plena capacidade o tempo todo. Portanto, lembre-se de curtir o percurso, ao menos um pouco, antes de atingir a linha de chegada.

6. Ter potencial não é garantia de sucesso.

Na minha opinião, essas duas palavras são as mais incompreendidas no âmbito empresarial. Sem dúvida sua empresa deve ter potencial para se tornar um grande negócio. Mas a que custo? E o que o **outro** lado de sua vida está precisando?

Olhe para a sua vida como um todo antes de perseguir cegamente qualquer oportunidade comercial. Por que perder esse tempo — que poderia ser dedicado à sua felicidade pessoal — construindo uma empresa monstruosa quando uma empresa menor e mais manejável é suficiente?

7. É a agilidade do líder que determina o ritmo da matilha.

Os membros de sua equipe estão de olho em você. Se tiver entusiasmo, eles também terão; se você se conformar com a mediocridade, eles também se contentarão com essa situação. Você estabelece o ritmo. Portanto, nunca tenha medo de fixar metas muito altas. Apesar de tudo, eles simplesmente podem alcançá-las!

8. Não é preciso superar o medo, mas percebê-lo e admiti-lo.

No âmbito profissional, nos deparamos o tempo todo com problemas e conflitos, e não é possível evitá-los. Os problemas se tornam menores à medida que nos aproximamos dele. Isso para mim sempre foi uma verdade. Portanto, é melhor começar a se habituar a enfrentar logo os problemas em vez de fugir.

9. A vida define o ritmo dos negócios.

Nossos melhores planos sempre estão subordinados a um fato: a vida prevalece sobre todas as coisas. Seja uma situação particular ou uma situação que um membro de sua equipe esteja enfrentando, de tempo em tempo surgirão obstáculos que vão diminuir o ritmo de sua empresa. Tente identificar o que é, admita e tente solucionar a questão; não há alternativa.

10. Tudo se resume ao trabalho a ser feito.

Embora as agendas pessoais sejam um fato no mundo empresarial, a meta final é executar o que tem de ser executado. Você deve procurar fazer com que os membros de sua equipe tenham essa consciência para que tomem **decisões empresariais** corretas. Eles sempre devem ter consciência de sua função e do nível de desempenho que a equipe deve ter — e também empresa como um todo — para atingir a meta em questão. A melhor maneira de reforçar a responsabilidade e a prestação de contas em toda a empresa é garantir que os membros de sua equipe tenham consciência desses fatores essenciais.

11. A adaptação é fundamental.

O talento é vital em qualquer equipe. Entretanto, eu preferiria ter alguém 80% talentoso e com 100% de capacidade para trabalhar em equipe do que alguém 100% talentoso e com apenas 80% de capacidade para trabalhar em equipe. Basta observar determinadas equipes esportivas profissionais que ano após ano compram o melhor talento que o dinheiro pode comprar, mas não param de perder. Para que sua equipe mantenha-se concentrada no trabalho a ser feito, os holofotes devem estar voltados para a equipe, e não para um único indivíduo.

12. A rotina dos negócios é fácil, o difícil são as pessoas.

Em qualquer empresa ou negócio, o fator imprevisível são sempre as pessoas. Quando somos a única pessoa responsável pela concretização de um determinado trabalho, temos o controle sobre os resultados. Mas se acrescentarmos outra pessoa ao conjunto, deixamos de ter esse controle; na verdade, o melhor que se pode esperar nesse caso é exercer influência. Portanto, é a sua capacidade de liderar e gerir pessoas que determinará o nível de desempenho e sucesso de sua equipe.

13. Você nunca conhecerá os resultados se não as observar.

As pessoas mudam com facilidade e em pouco tempo a maneira como costumam fazer as coisas. Contudo, se essa mudança não se adaptar totalmente à personalidade delas, com o passar do tempo elas voltarão a ser o que de fato são. Não raro vejo líderes completamente entusiasmados com o desempenho de um *superstar* que está apenas apontando. Seis meses depois, quando o desempenho dessa nova "estrela" cai para um nível mediano, começam a se perguntar o que teria dado errado. Exceto quando existem circunstâncias atenuadoras, o nível atual de desempenho é o que indica as verdadeiras capacidades da pessoa.

14. Se duas pessoas concordam o tempo todo, uma delas é desnecessária.

As empresas de alto desempenho produzem e prosperam em um ambiente de franqueza. Mesmo que você seja egomaníaco, fará um imenso desserviço para si e sua empresa se mantiver à sua volta pessoas subservientes. Talvez você até consiga ter olhos para tudo o tempo todo, mas se não deixar as pessoas à vontade para discordar e dialogar com você, cavará seu próprio buraco.

15. A verdadeira personalidade se revela em momentos decisivos.

Observe o desempenho dos membros de sua equipe quando estiverem sob fogo cruzado e críticas pesadas. Eles tomam atalhos ou enfrentam as decisões difíceis? Essas decisões, independentemente da pressão, são tomadas para o bem da empresa? Nunca se deve usar a pressão como desculpa, mas ela é uma ótima ferramenta de avaliação.

16. As mensagens nem sempre são agradáveis, mas nem por isso deixam de ser mensagem.

Tive o prazer de trabalhar para e com vários excelentes líderes, todos com um estilo de comunicação peculiar. Alguns eram sutis e outros totalmente agressivos. Embora nem sempre eu gostasse dos métodos que eles usavam, eles continuavam se comunicando comigo. Portanto, para ter êxito, tive de ignorar o estilo de comunicação dessas pessoas para conseguir **captar a mensagem**.

17. O conhecimento só se torna poder quando o aplicamos.

Cruzei com tantos indivíduos brilhantes e ao mesmo tempo malsucedidos que já perdi a conta. Eles têm resposta para tudo e são sabichões. Porém, têm muito medo de errar e simplesmente não conseguem puxar o gatilho quando necessário. Sempre absolvo os erros de comissão porque pelo menos nesses casos alguém tentou **fazer** alguma coisa. Entretanto, sempre me livro das pessoas que cometem erros de omissão; nesse caso, elas sabiam o que era necessário fazer, mas simplesmente não fizeram. A meu ver, isso é imperdoável, sempre.

18. Não se mede a importância pelo tamanho.

Peter Drucker disse várias coisas notáveis na vida e essa, para mim, é uma das mais profundas. Nenhum fabricante de computadores importante levou a sério um universitário chamado Michael Dell quando ele começou a vender computadores no dormitório da faculdade. No momento em que se percebeu a ameaça, ele já havia ganhado ímpeto e se tornado imbatível no setor. Há alguém em seu setor fazendo algo realmente bacana, digno de atenção?

QUEM ESTÁ POR TRÁS DESTE LIVRO: O PILOTO OU O EMPREENDEDOR?

Dwain M. DeVille é fundador e diretor executivo da WaterMark International, Inc., empresa de consultoria para empresários. O método utilizado pela WaterMark gira em torno da arte da pilotagem, um processo inovador desenvolvido pelo próprio Dwain para orientar pequenas e grandes empresas a superar os desafios normalmente enfrentados quando tentam elevar seu nível de desempenho.

Dwain iniciou sua carreira no setor bancário e de serviços financeiros. Os quinze anos dedicados a essa área lhe proporcionaram sólida experiência em administração, desenvolvimento de produtos e empréstimos comerciais, bem como no setor de varejo e relações governamentais.

Nos últimos treze anos, Dwain trabalhou com mais de cem *start-ups* e empresas emergentes, oportunidade que lhe permitiu aguçar sua percepção em relação às armadilhas com as quais esses empreendimentos costumam se deparar. Conhecido por seu estilo descontraído e envolvente, consegue se relacionar com pessoas de todos os níveis hierárquicos. E é justamente por esse estilo, tão fundamental ao processo, que Dwain tem o respeito e a confiança de seus clientes.

O processo de pilotagem criado por Dwain, indispensável para ajudar as empresas a tornar seu potencial uma realidade, além de definir um objetivo final, oferece ferramentas e táticas que servem como ponte entre o que se encontra **aqui** e **acolá**. Esse processo define também os **comos** e **porquês**, oferecendo um roteiro decisivo a várias organizações cujas necessidades são prementes.

Por meio de uma abordagem prática e participativa, Dwain ajuda as empresas a lidar com os problemas de acordo com seu estilo, cultura e cronograma. Com essa estrutura de trabalho, auxilia os principais atores a reconhecer áreas problemáticas e os orienta no sentido de aprimorarem o processo de tomada de decisões e de comunicação na empresa.

Embora grande parte do trabalho de Dwain direcione-se a empreendedores e pequenos empresários, ele presta serviços a empresas maiores em formação de equipes, planejamento de sucessão, fusões e aquisições e resolução de problemas de comunicação.

Dwain também atua ativamente enquanto líder comunitário e voluntário na Flórida central, onde integra várias forças-tarefas e conselhos.

Ele adora enfrentar os desafios do mundo empresarial tanto quanto pilotar sua moto. Em 2008, em um *tour* pelas montanhas do Colorado, percebeu que era o momento de associar essas duas paixões, e foi assim que este livro nasceu.

Dwain viaja de moto regularmente, sozinho ou em grupo. Já percorreu várias regiões do país. Mesmo depois de tantos quilômetros rodados, hoje sua fascinação pelo motociclismo continua tão forte quanto quando subiu pela primeira vez em sua Honda 100.

ÍNDICE

A

"A adaptação é fundamental" 194

"A agilidade do líder determina o ritmo da matilha" 193

"A felicidade bate à porta quando transformamos nossa paixão em realização" 191

"A rotina dos negócios é fácil — o difícil são as pessoas" 143, 194

"As mensagens nem sempre são agradáveis, mas nem por isso deixam de ser mensagem" 4, 195

Atividade bancária, carreira do autor na 3–5

Atualizações
  atualizações de equipe, reuniões de grupo 129–132
  formulário 129, 131, 156

Autoavaliação 44–48, 50

"A verdadeira personalidade se revela em momentos decisivos" 195

"A vida define o ritmo dos negócios" 29, 193

"A vida pessoal e a vida profissional são dois lados da mesma moeda" 6, 8, 33, 192

Aykroyd, Dan 69

B

Bandeirolas vermelhas 38

Bifurcações entre a vida pessoal e a vida profissional 29, 30, 49, 50, 55–62, 84

Boom das ponto.com 23, 38

Brecha para decepções 155, 163

C

Caminho pessoal *versus* sonho coletivo 42–43

Câncer, sobrevivência 55–57

Capacidades e instintos 44–46

Carroll, Lewis 37

Centros de empreendedorismo 172–173

Coaching (orientação) 174

Cobranças, início da vida profissional do autor 2

Collins, Jim 44, 168

Colorado, viajando pelo 55, 55–57, 59–61, 60–62, 64, 69–71, 77–78, 87–91, 97, 198–200

Comunicação
"As mensagens nem sempre são agradáveis, mas nem por isso deixam de ser mensagem" 4, 195
e conexão com a equipe 181–184
e disfunção 143–147, 153, 155
e processo de pilotagem 34
estilos 4, 148, 154, 155, 157
livros sobre, utilização da 171–172
regras da estrada 141
reuniões. *Consulte* Reuniões
toque pessoal 184–186

Conceito de porco-espinho 44

Confiança 45, 153

Conflito criativo 146

"Conhecimento só se torna poder quando o aplicamos" 2, 196

Conhecimento tribal 163, 164

Consultores
e planejamento estratégico 23, 24, 101, 103
formação de equipes 144, 146
utilização de 174–176

Cultura corporativa 144

D

Declaração de missão 23

Declaração de visão 14, 15

DeJoria, John Paul 69

Desempenho
"A felicidade bate à porta quando transformamos nossa paixão em realização" 191

"A rotina dos negócios é fácil — o difícil são as pessoas" 143, 194
brecha para decepções 155, 163
desempenho constante 27, 33
e cultivando o poder da matilha 143, 157, 167
e equipe administrativa 153–157
e foco na missão 145, 157
e formação de equipes 144–147
e não realizadores 116–119
e paixão 190
e pessoas certas, importância das 116, 118
e rompendo relacionamentos 186–187
estudo de caso de empresa familiar 120–123
foco no 116–119, 123
importância do 116, 123
inventário de talentos 147–153, 157
regras da estrada 123, 157, 188

Destino final
determinando 33, 48
e a pergunta 86
e autoavaliação 44–45, 47–48, 50
regras da estrada 48

Diagrama de tarefas 110

Disfunção organizacional 143–147, 153, 155

Distrações. *Consulte* Foco
e distrações 13

Diversidade 146

Drama da estratégia
e necessidade de comunicação 126
e rotina diária 20–21
insucesso da estratégia 23–27

Drucker, Peter 20, 159, 168

E

Emoções, admitindo 16

Empresa como motor financeiro (máquina de fazer dinheiro) 32, 33, 51, 85, 91

"É necessário perceber o que está no meio" 191

Equilíbrio
"A vida pessoal e a vida profissional são dois lados da mesma moeda" 6, 8, 192
e emoções 16
"Ter equilíbrio é tão importante quanto tocar a linha de chegada" 192

Equilíbrio de vida 6, 30–32, 47–48, 60, 61

Escalada para um acidente (*crash ladder*) 26

Estratégia
e consultores 23, 24
e incapacidade de enxergar oportunidades 25, 26
insucesso. Consulte também Drama da estratégia

Estrutura de referência 53

Estudo de caso de liderança em empresa familiar 120–123
"A agilidade do líder determina o ritmo da matilha" 193
e homens e mulheres subservientes 146
e reunião de planejamento tático 111, 112
regras da estrada 188
transição 181–184

Etapas (trechos do percurso) 33, 90. Consulte também Planejamento de cenários

F

Feedback
franqueza 31–32
importância de ouvir 178–179
procedimentos para o *feedback* 133–136

Foco
e declarações de visão 13, 14
e distrações 14, 17, 32, 143
e fase inicial da empresa 14
e identificando metas de vida 33. Consulte também Metas
e processo de pilotagem 32
e rotina diária 19–21, 26
e tempo para reflexão 16, 43–45, 50, 59
importância do 13, 14
mantendo o 26
na missão 115, 116, 145
no desempenho 116–119, 123
no estilo de vida 61
nos detalhes 21, 26
no trabalho a ser feito 152, 156, 157

Ford, Henry 171

Formação de equipes 144–147

Franklin, Benjamin 171

Fronteiras ou impedimentos 94

G

General Electric (GE) 10, 164

Geração do milênio 165–166

Geração seguinte (geração do milênio) 58

Gestão e desempenho 153–157
estilos 148

GoDaddy.com 6, 69

Grupos de pares 5, 6, 173–174, 178, 183

H

Habilidades, desenvolvendo
consultores, utilização de   174–176
desenvolvendo para o futuro   160
desenvolvimento profissional   160–163
e centros de empreendedorismo   172–173
e *coaching* (orientação)   174
e mentoria   163–167, 172
e processo de pilotagem   35
grupos de pares, utilização de   173–174
importância de desenvolver e aperfeiçoar habilidades   35, 159. *Consulte também* Treinamento
livros, utilização de   167–171, 176
regras da estrada   176

Hill, Napoleon   78

I

Implementação do plano tático
e comunicação   34
e reunião planejamento tático   109, 111

In Search of Excellence   168

Inventário de talentos   147–153, 157

J

Jackson, Phil   69

Jornada *versus* destino   19–21

L

Lei do risco *versus* recompensa   17–18

Lista de medidas necessárias e diagrama de tarefas   101–102, 110

Livros enquanto ferramentas de aprendizagem   167–171, 176

M

Mediocridade   117, 119

Meia-idade   4

Mentores e mentoria   163–167, 172

Metas
e a pergunta   46, 48. *Consulte também* Pergunta, a
e Bifurcações entre a vida pessoal e a vida profissional   58, 84. *Consulte também* Bifurcações entre a vida pessoal e a vida profissional
e determinando o destino final   33, 48
e lucro como única meta   41
e planejamento de cenários. *Consulte* Planejamento de cenários
e planejamento tático   154. *Consulte também* Reunião de planejamento tático
fixando   50
reconhecendo e apoiando   145
visão sobre a vida profissional   74–78

Metas de vida. *Consulte também* Metas pessoais
estilos   179–181
perfis de personalidade   145

Metas pessoais   32, 33, 61, 64–70, 75–76, 84, 91

Metas profissionais e metas de vida   33, 84. *Consulte também* Metas

Missão
  e circunstâncias da vida, mudanças na   61
  e declaração de visão   15
  elementos da   116
  importância da   115, 116
  mantendo-se fiel à   46
  paixão, importância da   189
  rotinas que não apóiam a missão   31

Mitchell, Frank   112

Motor financeiro (máquina de fazer dinheiro), a empresa como   32, 33, 51, 85, 91

N

"Não é preciso superar o medo, mas percebê-lo e admiti-lo"   193

"Não se mede a importância pelo tamanho"   20, 196

9/11. *Consulte* 11 de setembro de 2001

O

Obstáculos na estrada   30

11 de setembro de 2001   37, 40–42, 56, 63

Oportunidade
  análise SWOT   148–151, 162
  crescimento   25, 26, 77
  "O segredo do sucesso não é reconhecer oportunidades, mas reconhecer aquelas oportunidades que você não deve perseguir"   18, 192

"O que não me mata me fortalece" ou "o que não mata engorda"   5

Os Três Qs do Raciocínio Crítico   35, 132–135

P

Paixão
  "A felicidade bate à porta quando transformamos nossa paixão em realização"   191
  e conceito do porco-espinho   44
  e equilíbrio na vida pessoal e na vida profissional   6, 61
  e foco   14, 17
  importância da   189

Parsons, Bob   6, 69

Perfil empresarial   80–81

Perfil pessoal   79, 79–80

Pergunta, a   46, 48, 50, 61, 63, 81
  estudo de caso   82–85
  regras da estrada   86
  resposta do autor à   82–83

Personalidade   115, 117, 123, 144–145, 154, 155, 157

Pessoas-chave e cargos-chave   73, 77, 93

Peters, Tom   47, 69

Piloto, papel do   31

Planejamento   34, 97–101. *Consulte também* Reunião de planejamento tático

Planejamento de cenários
  como parte do processo de pilotagem   34
  descrição   92–94
  e reunião de planejamento tático   100, 101–103, 108, 114
  fronteiras e impedimentos,   95, 96

modelo 95
perguntas para testar o plano 96
regras da estrada 96

Plano de viagem (roteiro) e planejamento tático 34

Plano tático
e equipe administrativa 154
e pauta de reunião 128
e processo de pilotagem 34
e utilização de consultores 175–176
e utilização de livros de negócios 171–172. *Consulte também* Livros como ferramenta de aprendizagem
implementação e necessidade de reuniões 128

Poder da matilha, cultivando 35, 143, 157, 167

Pontos fortes, Pontos fracos, Oportunidades e Ameaças (análise SWOT) 148–151, 162

Postura 7, 27

Potencial da empresa *versus* visão pessoal de sucesso 82–85

Prestação de contas (*accountability*) 111, 115, 118, 119, 163, 174

Principais Áreas de Resultados (PARs) 79–81, 93

Processo de desenvolvimento profissional (PDP)
análise SWOT 162
como parte da situação de aprendizagem 172
descrição 160–161
iniciando 161–162
plano de ação 162

Processo de pilotagem
descrição 29, 30–32, 197–198
dividindo em trechos de percurso 90
e destino final. *Consulte* Destino final
propósito do 6
sócios, desentendimentos com 49–53

Q

Questionário
elaboração do 63
e planejamento de cenários 92–96
principais áreas de resultados (PARs), planilha de 93, 94
respondendo ao longo do tempo 69, 70
situação atual da empresa (parte 3) 71–74
situação pessoal atual (parte 1) 64–67
visão de futuro sobre a vida 74–78
visão de futuro sobre a vida pessoal (parte 2) 67–71

R

Recomendações
e autoconvicção 45
e insegurança 49, 53
feedback, importância de ouvir 178–179
filtrando 178

Reflexão, reservando tempo para 16, 43–45, 50, 59

A Resposta 82–83

Retiro sobre Rodas 77, 82

Reunião de planejamento tático lista de medidas necessárias 101–102
  diagrama de tarefas e medidas necessárias 110
  e liderança 111, 112
  e planejamento de cenários 95, 96, 100, 101–103, 108, 114
  estudo de caso 112–114
  membros da equipe 100–106
  metas 154
  panorama organizacional e questões sobre administração e organização interna 103
  pergunta 1 (que resultado você deseja obter na reunião de planejamento?) 106
  pergunta 1, recapitulação da 110
  pergunta 2 (que fatores determinam a atual posição da empresa no mercado?) 106
  pergunta 3 (descrição das necessidades do mercado) 107
  pergunta 4 (como atingir meta no cenário) 107
  pergunta 5 (qual é o plano?) 108–109
  pergunta opcional (por que não funciona?) 110
  perguntas 1-3, importância das 105, 114
  perguntas, propósito das 103, 104
  perguntas, respondendo 104–106, 114
  perguntas, sequência das 103
  preparação para 101–103
  trabalho a ser feito como resultado da 100, 110–112

Reuniões
  como solução para uma comunicação eficaz 34
  discussões sobre livros 168–171
  e metas 130, 132, 135, 141
  e processo de planejamento 98
  frequência das 127, 141
  posturas em relação às 98, 125–127
  propósito e benefícios das 125–126
  regras da estrada 141
  tipos de 126–127

Reuniões de grupo
  atualização de informações da equipe 129–132
  como medida de sucesso 45
  concluindo 136, 137
  datas limite 133, 137, 141
  definição 127
  duração das 128, 132
  e Três Qs do Raciocínio Crítico 132
  feedback 133–135
  formulário de atualização 129, 131
  frequência das 127, 141
  fronteiras e impedimentos, 94
  itens auxiliares 136
  oportunidades 25, 26, 77, 78
  pauta, necessária para 127–129
  pauta para, exemplo 129–141
  problemas 132
  procedimentos para o *feedback* 133–136
  regras da estrada 141

Reuniões individualizadas 127, 138–140, 156, 186

Reuniões não programadas 127, 137, 138
Risco 17, 42
Rollins College 173
Royal Dutch/Shell 92

S

"Se duas pessoas concordam o tempo todo, uma delas é desnecessária" 146, 195
Situação de aprendizagem 159, 176. *Consulte também* Habilidades, desenvolvendo
Solidão 37
Start-ups (novos empreendimentos) 37–39
Stone, W. Clement 189
Sucesso
    análise SWOT 148–151, 162
    e opção *versus* mudança 8
    e oportunidade 18, 192
    na vida pessoal e na vida profissional 8, 9, 33, 45, 46, 61
    necessidades de sucesso profissional e estilo de vida 61, 85

T

Talento 145, 147
Tarefas cotidianas e rotina diária 20, 21, 26, 26–27, 29, 34, 101, 115. *Consulte também* Trabalho a ser feito
Táticas 25–27

"Ter equilíbrio é tão importante quanto tocar a linha de chegada" 192
"Ter potencial não é garantia de sucesso" 193
Tomada de decisões
    e confiança nos funcionários 35
    e estilos de personalidade 154
    e lucro como única meta 41
Tombos 7–8, 26, 37–43, 56
Trabalho a ser feito
    diagrama de tarefas 110
    e desempenho 116, 116–119, 123
    e foco na missão 115, 157
    "É necessário perceber o que está no meio" 191
    e reunião de planejamento tático 100, 110–112
    estudo de caso de empresa familiar 120–123
    foco no 115, 147, 152, 156, 157
    regras da estrada 123
    "Tudo se resume ao trabalho a ser feito" 194
Trabalho em equipe 115. *Consulte também* Formação de equipes
Trechos do percurso 33–34, 90. *Consulte também* Planejamento de cenários
Treinamento 159, 161. *Consulte também* Habilidades, desenvolvendo
"Tudo se resume ao trabalho a ser feito" 194

V

Vida pessoal
  e sucesso profissional   45
  perfil   79, 79–80
  refocalizando necessidades e desejos   61
  situação pessoal, avaliando   64–66
  visão de futuro sobre a   67–71

Visão
  e influência alheia   45, 46
  e trabalho em equipe   145
  fundador *versus* sócios   52
  sobre a vida pessoal, avaliação atual   64–66
  sobre a vida pessoal, futura   67–71
  sobre a vida profissional, avaliação atual   71–74
  sobre a vida profissional, futura   74–78
  tática e processos para atingir a   146

"Você nunca conhecerá os resultados se não observar"   112, 194–195

W

WaterMark International, Inc.   197
Welch, Jack   10, 164, 169

DVS EDITORA

www.dvseditora.com.br